Elegancyist
マダム由美子

1%の美しい人がしているたったこれだけのこと

一生ものの綺麗のつくり方

WAVE出版

1%の美しい人がしているたったこれだけのこと

まえがき

99％の女性は、もっともっと、美しくなれます

すべての女性は、美しくなるための能力を持っています。

でも、その能力を十分に発揮できている女性は、ほんのわずか。

99％の人は、自分の能力をほとんど開花させていない、つぼみの状態なのです。

あなたも、そのひとりかもしれません。

でも、美の潜在能力をもった99％の女性たちが、自分の美しさに気づき、育てることができたら……。驚くほど美しく、変身することができるでしょう。


1％の美しい人たちが実践しているのは、ほんのちょっとした、簡単なことばかり。

それを知っているか知らないか、実行するかしないかの違いだけなのです。それは知られざる美の智恵です。

あなたの中に眠る美の潜在能力を引き出すためには、どうすればよいのでしょうか？女性の美しさを引き出すために、私は「体から入って、心を変える」というレッスンをしています。

なぜなら、私たち大人は頭でっかちになってしまっているから。無理矢理心を変えようとしても、そう簡単には変われません。実際に体で美しさを体験することではじめて、心に響いてくるものです。

体から入るといっても、きついトレーニングをする必要はありません。誰でもできる、簡単なメソッドばかりです。

美しい姿勢、立ちかた、歩きかた、そして、美しいしぐさ、話しかた……。ちょっとした美の智恵を実践するだけで、あなたはかならず、いまより数倍も見違えるほど美しく変わることができます。

美しさを体で表現することで、体がよろこびはじめます。心と体はつながっていますから、体がよろこぶと、心もよろこびはじめます。

そして、美しい身のこなしやきれいなしぐさが身についてくると、「自分はエレガントな振るまいができている」「自分はきれいに動けている」と実感できるようになります。

そして、自分自身を上質な女性、エレガントな女性だと思えるようになるのです。

実は、そういった心を芽生えさせ、育てることが、とても大切なことのです。

それが、あなたの自分らしい美しさをつくり、自信を育てます。

自分自身を大切にすることや、他人にやさしい心を持つことにもつながります。

体で体験したことが、心を変えていくのです。それはまるで、美の魔法です。


私は、一生もののエレガンスを身につけるためのサロンレッスンを行っています。今年でサロン開講10周年、これまで、２０００人以上の女性たちに指導してきました。

私のメソッドはバレエの要素を取り入れていますが、バレエを踊ったことも、見たこともない人でも有効です。誰でもできますし、今日からでもはじめられます。特別な道具も必要ありません。そして、すぐに効果を感じられます。

本書で紹介するメソッドの中で、あなたが「これならできるかも」「これをやってみたいな」と、感じられるものがありましたら、ひとつでも、ふたつでも、ぜひ実行してみてください。そこから、あなたの美ははじまっていきます。

実際にやってみて、続けていくことで、癖《くせ》になります。

癖になれば、もうしめたもの。あなたは一生ものの美をひとつ手に入れたのです。

もしもやってみて続かなかったら、いまのあなたには合わなかった方法なのかもしれません。でも、5年後、10年後にやってみたいと思ったら、ぜひまたはじめてみてほしいのです。

身につけた美の癖は一生ものです。そして、あなたが自分に自信を持って人生を生きるための武器にもなるものです。さらに、さまざまなシーンで、あなたをより輝かせてくれることでしょう。

みなさんの中にある、美しくなるための潜在能力を目覚めさせ、ひとりひとりの「自分だけの美しさ」を引き出すお手伝いをすることが、私のいちばんのよろこびです。

本書を通して、あなたの心に響くものがあれば、大変うれしく思います。

そして、ひとりでも多くの女性が自分の美しさに気づき、自信を持って人生を過ごしていくためのきっかけになれば、これほど幸せなことはありません。

2013年3月

マダム由美子

1％の美しい人がしているたったこれだけのこと　もくじ

第3章　あいて――心をつかむ人づきあいの作法　

装丁　原てるみ(mill design studio)
本文DTP　NOAH
校正　小倉優子
編集協力　山崎潤子

第1章

——みため——

美しさは〝慣れ〟でつくられる

美しさはまず形から入る

私はよく「姿勢がいいですね」といわれます。

そして、「そんなに姿勢がいいと、疲れませんか?」ともいわれます。

私の姿勢は、他人から見ると疲れるのではないかと思われるほど、背筋がピンと伸びているらしいのです。

でも、少しも疲れません。このほうが楽なのです。

私にとっては、だらりとした姿勢をしているほうが疲れるのです。

なぜなら、**よい姿勢のほうに体が〝慣れて〟いるから**。細胞や筋肉がこの姿勢を覚えてしまっているからです。だからこそ、何時間でも背筋をピンと伸ばしたまま座っていることができるのです。

背筋を伸ばすことが疲れる、無理があると感じる人は、正しい姿勢に慣れていないだけ。たまにしかしないから、疲れるのです。だらりと肩を丸めた姿勢に慣れてしまっているから、そちらのほうが楽だと感じてしまうだけなのです。

どうせ慣れるなら、きれいに見える姿勢に慣れたほうがいいですよね。

美しさを育てるために、〝慣れ〟というのはとても重要です。〝癖〟といってもいいかもしれません。

背筋を伸ばした正しい姿勢は、最初は疲れる、つらいと感じるかもしれません。でも、だまされたと思って、1日1分でもいいから、続けてみてください。たった1分でも、やるのとやらないのとでは大違いです。大切なのは続けること。小さな積み重ねが、いつのまにかあなたを変えていきます。そう……これはまさにあなたの「美の貯金」なのです。

最初は1分だったのが、2分になり、10分になり……。だんだん疲れやつらさは薄れていくでしょう。そのうち、1日1時間続けられるようになり、2時間続けられるようになり……。

あなたの細胞や筋肉が、美しい姿勢の形を覚えていくのです。そしていつのまにか、あなたはつねに、きれいな姿勢をしていられるようになります。

毎日通る道は、頭で考えなくても無意識に同じ場所で曲がりますよね。それと同じように、体が美しい姿勢を当たり前のこととして覚えていくのです。

なんでもそうですが、最初は多少違和感があっても、続けていくことでそれが当たり前の習慣に変わります。慣れによって癖がつき、それが完全に自分のものになったとき、「ああ、こういうことだったのか」とわかるのです。

「習うより慣れよ」ということわざのごとく、実際に体験して練習を重ね、体で覚えたことほど身につくのです。

ですから、私は姿勢や歩きかた、立ちかた、しぐさなど、**まずは外見を美しく見せる癖をつけていく**ことを提案しています。

美しくなるためには、まずは〝形から入る〟ことも大切だからです。

「内面さえ美しければ、外見なんてどうだっていいじゃない」と考える人もいるかもしれません。

でも、内面の美しい人が外見を磨いたら、心も体も、いまよりもっと美しくなれると思うのです。また、心が荒《すさ》みそうなときにも、美しい姿勢と所作を身につけていれば、自暴自棄になることもありません。**気持ちを強く持っていられるのです。**

ちなみに、ここでいう外見とは、容姿のことではありません。姿勢や所作、振るまい、身だしなみなどのことです。

心というのは、体や行動とつながっているものだと、私は信じています。

姿勢をよくしていると、自然と所作も優雅に、美しくなります。そして、心までも清々しく、晴れやかになります。

でも、だらしない格好をしていたら、1日1日を大切に過ごせるでしょうか？

粗雑な振るまいをしていたら、穏やかな、やさしい心を保てるでしょうか？

姿勢や所作、振るまい、身だしなみは、あなたの心をよくも悪くも、変えてしまうものなのです。

みなさんも、本書の中からきれいになれる癖をたくさん見つけて、ぜひ実行してみてください ね。

人は背中から年をとっていく

50メートル先から人を見た場合でも、その人が若い人か年をとった人か、ある程度はわかるものです。不思議なことに、近づいて顔を見たわけでもないのに、シルエットで年齢がわかってしまうのです。

ただし例外的に、若くてもおばあさんのように見えてしまう人もいれば、年をとっていても非常に若々しく見える人もいます。

なぜでしょうか。

答えは、「背中」。

多くの人が、年をとると、だんだん背中が丸まって、体全体がもったりしてくるのです。ですから誰もが背中のシルエットによって、「あの人は50歳くらいかな」「たぶん20代だろうな」という判断をしているのです。

つまり、**人は背中から年をとっていく**、といえるのではないでしょうか。

生き生きと、若々しく、美しく見られたいならば、姿勢は重要なポイントです。**あなたをより美しく見せるためには、お化粧や洋服などに手間とお金をかけるよりも、姿勢をよくするほうがよほど大切なことです。**

丸まった背中を伸ばすだけで、誰でもきれいに見えるものです。

年齢を重ねても、背筋がピンとしている女性は、それだけでとても凛々《りり》しく、上品に見えるものですよね。姿勢というのは非常に個人差が出てくる部分です。若い人は多少背中が丸くても、どこかしら若さが漂って感じられます。でも、それをそのままにしておくと、人よりも早く老けてしまうのです。

もちろん、女性だけでなく、男性も同様です。

背広は背中で着るものです。背筋が伸びて正しい姿勢の男性は、背中のラインが美しく、同じスーツを着ても、2倍も3倍も格好よく見えます。

ご年配の男性でも、背筋がスッと伸びている方は、とても素敵に見えますよね。

背中は、その人そのもの。

知性や教養、生きかたや人生は、背中にあらわれるものだと私は思います。ときには、その人の勢いや生命力といったものさえ、背中から感じることができるのです。

美しい背中をつくるポーズ

では、美しい背中をつくるためには、どうしたらいいのでしょうか？

答えは簡単。背中のある部位を動かすだけです。

その部位とは、「肩甲骨《けんこうこつ》」。

左右の肩甲骨を内側にキュッと1センチ寄せるようにするだけで、美しい背中をつくることができます。

みなさんも、ぜひやってみてください。

肩甲骨を内側に寄せるだけで、自然に姿勢がよくなりますよね。ふだん使わない筋肉を動かすことで、背中のよけいな贅肉も落ちてきます。

「肩甲骨をキュッと寄せる」

ふとしたときに、この言葉を思い出して、日常生活を過ごしてみてください。１日たった1分でも、続けることで美しい背中と美しい姿勢をつくるエクササイズになります。

肩甲骨を寄せたついでに、二の腕を美しくするエクササイズもプラスしてみましょう。

これもとても簡単で、動かす部位は「ひじ」のみです。

まず、ほんの少し角度をつけて、ひじを曲げてください。そして、腕を後方に向けて張るようにしてみてください。

いかがですか？

たったこれだけで、ふだん動いていない二の腕の内側の筋肉が使われるのがわかると思います。このエクササイズで、ぷるぷるしていた二の腕が、すっきり美しくなります。

肩甲骨を寄せる。

ひじを曲げて後ろに張る。

これだけなら、街中でもオフィスでもできますし、まさかエクササイズをしているとは思われません。それどころか、「姿勢がきれいな人だな」と思われるはずです。

美しさは毎日の生活でつくられるもの。肩甲骨を寄せて、ぜひ、背中美人を目指してくださいね。

〝ある部分〟を鍛えるだけで、美人になれる

背筋を伸ばして姿勢を整えるために、私が大切にしているのは、「脊柱起立筋《せきちゅうきりつきん》」という筋肉です。

あまり聞いたことがないという人が多いかもしれませんが、脊柱起立筋は、背骨の両脇に縦に沿ってついている大きな筋肉です。

脊柱起立筋は別名**「姿勢を保つ筋肉」**といわれるほど、きれいな姿勢にとって大切なもの。しかし残念ながら、現代人はこの脊柱起立筋をあまり使っていないため、「眠っている筋肉」ともいわれています。

この脊柱起立筋を鍛えることで、背筋がピンと伸びて、美しい姿勢を保てるようになります。同時に肩甲骨を意識して、よく動かすようにすると、**背中が立体的になり、表情が**

生まれます。

脊柱起立筋を使っていないと、背中に動きがなくなってきて、丸まった猫背になって、お肉で埋もれてきて……、老けた姿勢になってしまうのです。そうなると、若くてもともときれいな人でも、10歳も20歳も老けて見えてしまいます。

みなさんも、ぜひ、今日から脊柱起立筋を意識してみてください。

この筋肉を意識して、少しずつでも動かしていくことで、いつのまにか姿勢がぐんとよくなりますよ。

姿勢がよくなることで、自然ときれいな所作ができるようになります。背中につきやすい贅肉もとれて、ウエストが絞られたきれいなボディラインをつくっていくことができます。

私は、脊柱起立筋のことを**「エレガンス筋」**と呼んでいます。

より美しいあなたになるためにも、今日から背筋を伸ばして、エレガンス筋を鍛えていきましょう。

ダイエットの秘密は背中にあり

私は毎日、食事をしっかりとっています。

一緒にお食事をするといろいろな方に驚かれるのですが、量もたくさん食べます。お料理も大好きで、私がつくる大きなハンバーグを見て、友人が目を丸くしたほど。お料理と一緒にいただくワインも大好きです。また、おいしいお菓子にも目がありません。

でも、ウエストは51センチ。体重は何十年もほとんど変わっていません。いまでもバレエのレッスンは週2回続けていますが、それ以外にジョギングなどの特別な運動をしているわけではありません。ですから、「なぜ太らないのですか?」とよく聞かれます。

その秘密は、私の姿勢にあります。

ダイエット経験者なら、基礎代謝という言葉はご存じですよね。基礎代謝は生命活動を維持するためのエネルギーのこと。じっとしていても消費されるカロリーです。1200キロカロリーだったり1500キロカロリーだったりと、人によって違います。

つまり、基礎代謝の高い人ほど、太りにくいということになります。

この基礎代謝を大幅にアップさせてくれるのが、脊柱起立筋なのです。

筋肉は2種類あって、主に運動に使われるのがアウターマッスル（白筋・速筋）、体を内側から支え、血液循環など生命維持活動のために使われるのがインナーマッスル（赤筋・遅筋）です。基礎代謝と大きく関わっているのが、インナーマッスルです。インナーマッスルを鍛えることが、代謝アップの鍵なのです。

そして、インナーマッスルの中でも筋肉量がいちばん多いのが、脊柱起立筋です。脊柱起立筋を鍛えると、代謝がぐんとアップして、太りにくい体になります。逆にこの筋肉を使っていないと、代謝が悪く、よけいなお肉がつきやすくなってしまうのです。姿勢を保つために、つねに背中の脊柱起立筋を使っていると、じっとしていても脂肪を燃やし続けてくれるのです。

姿勢がよくなって、たくさん食べても太らないなんて、一石二鳥ですよね。

おいしいものが好きな人は、今日から脊柱起立筋を鍛えてみてはいかがでしょうか？

美しい横顔のつくりかた

横顔は、案外人からよく見られている部分です。

みなさんも、ほかの人の顔は正面よりも横から見る機会が多いのではないでしょうか？

それと同じことで、自分の横顔も人から見られているのです。

ですから、**美しい横顔をつくることで、あなたの印象はぐっと変わります**。そして、誰でも美しい横顔はつくることができます。


美しい横顔については、Ｅラインというのが有名ですよね。Ｅラインは、鼻とあごを直線で結ぶラインです。

でも、横顔にはもっと大事なラインがあります。

そもそも、人が見たときのあなたの横顔はどこまででしょうか？

「おでこからあごにかけて」と答える人が多いでしょう。

でも、私が考える横顔とは**「頭から首筋、胸元まで」**のラインです。

人は一部だけ見られることはまずありません。全体を見られているのです。

美しさはディテールも大切ですが、バランスのほうが大事です。

他人があなたを見たとき、横顔としてとらえているのは、頭から首筋、胸元にかけたシルエットなのです。

たとえば偉人の像で、胸から上の胸像はあっても、首から上の像はあまりありませんよね。顔は胸までのひとつながり。各国の彫刻家たちも、胸元から上を顔だととらえていたのでしょう。

ですから私は、顔というのは胸元までのことだと考えています。

美しい横顔のために大切なのが、実はデコルテ。

デコルテという言葉はみなさんもご存じだと思いますが、首筋から胸元にかけての体の部位のこと。

首筋からデコルテ、鎖骨のラインは、横顔をきれいに見せるLライン。私は、このラインのことをほれられライン（ＬＯＶＥライン）と名づけています。Ｅラインならぬ、Ｌラインです。Ｅラインは持って生まれたものですが、**Ｌラインは、努力次第で磨くことができます。**

では、美しい横顔をつくるには、どうすればよいのでしょうか？

現代では、ほとんどの人の体が内側を向いています。

みなさんも、パソコン作業をしているときや、スマートフォン・携帯電話を見たりしているときの自分を鏡で見てみてください。

目の前のことに集中するが故に、上半身が前のめりになり、肩が内側に入って、頭は下を向いてしまっていませんか？

こういった姿勢を続けていると、体がだんだん内向きになり、肩がどんどん前に出て、背中が丸くなって猫背になってしまいます。残念ですが、これでは魅力的な横顔とはいえません。

ですから、まずは胸元を開きましょう。

前項でもお伝えしたように、肩を後ろに引くイメージで、背中にある2つの肩甲骨をほんの少しだけキュッと中心に寄せるよう心がけてください。そうすると、自然に開いた胸元になります。

そして、下を向かないよう、あごの下にりんご1個分の空間をつくってみてください。

そして、肩を下げて、鎖骨をまっすぐにしましょう。

横を向くときは、あごを肩の上に乗せるようにしっかりと顔を横に向けます。

これだけで、あなたの横顔はとても美しく見えるはずです。

横顔は、首筋や胸元のラインまでだと知っておけば、姿勢にも気が抜けませんよね。それだけで、あなたの印象は確実に変わるはずです。

今日から鏡を見るときは、正面の顔ばかりでなく、横顔のシルエットをチェックしてみてください。

光をあてるべき3つの場所

体の中で、「ここに光をあてるようにするだけで美しく見える」という、誰もが持っている魔法の部位があります。それは、次の3つです。

・足の内くるぶし
・手の内くるぶし（親指側）
・デコルテ

そう、ポイントは〝内側〟なのです。

しぐさやボディラインをきれいに見せるためには、内側を意識することがとても大切です。体をきれいに見せるのは、実は内側のラインなのです。

たとえば、前項でお伝えしたように、内向きになっていたデコルテを開いて光をあてるようにすることで、横顔が美しくなり、姿勢がよくなり、背中の贅肉もすっきりしてきます。さらに、心がオープンな明るいイメージを相手に与えます。

足の内くるぶしに光をあてるようにすると、美しい歩きかたができるようになり、足のラインが美しく整ってきます。

ものをとるときに、手の内くるぶしを天井に向けるような感じで動かすと、とても美しく、品のある動きになります。

このように、体の内側を意識しながら動作をすることで、しぐさも女性らしく、美しく見えるようになるのです。

また、内側の筋肉を使うことでインナーマッスルが鍛えられます。インナーマッスルを鍛えることで代謝も上がりますから、ダイエットにも大いに効果が期待できます。

デコルテと足の内くるぶしについては本章で、手の内くるぶしについては2章で詳しくお伝えします。

まずは、この3カ所に光をあてるということを、覚えておいてくださいね

美しい人は肩がこらない

しつこい肩こりに悩まされているという人は、とても多いと思います。

肩こりは、姿勢と頭の位置でかなり解消されます。

頭の重さの目安は、体重の10％くらいといわれています。ですから、体重50キロの女性なら5キロほど。1・5リットルのペットボトル3本以上にもなるのです。頭って、ずいぶん重いものですよね。

私たちはつねに、こんなに重い頭を首の上に乗せているのです。ですから、正しい位置に乗せないと、肩に相当な負担がかかってしまいます。

頭は本来、骨盤と背骨で支えるものです。ですから、**背骨（背中）の上に頭を乗せてい**

るような姿勢が正しいのです。

私が知る限りでは、肩こりになる人は、頭が背骨に乗っていないことが多いようです。肩が内側に入って頭部が前に出ているため、首のつけ根あたりに大きな負担がかかってしまっているのです。首のつけ根、つまり肩こりに悩む部位ですよね。

頭の重さの負担をほとんど受け止めているために、首のつけ根から肩にかけた部位の筋肉がガチガチになってしまうのです。四六時中大きな負担がかかり、筋肉が疲労しているのですから、肩こりになるのも当たり前ですよね。

肩こり解消には、湿布やマッサージ、整体などよりも、日常生活の姿勢を改善するのがいちばんの近道です。

実は私は、肩こりになったことがありません。肩こりにならない姿勢を身につければ、一生つらい肩こりとは無縁でいられます。

肩こり知らずの姿勢レッスン

では、縮こまっていた首を伸ばして、肩こりを解消する姿勢のレッスンを行ってみましょう。

まずは背中の肩甲骨をほんの少し中央に寄せるようにして、デコルテを開きます。まっすぐ前を見て、あごの下にかならずりんご1個分くらいのすきまをつくるようにしましょう。

このとき頭を絶対に前に出さないこと。頭部は背骨に乗せるようなイメージです。頭部を背中に乗せることで、目線が下を向かず、まっすぐ前を見て歩けるようになります。

次に、首は上へ伸ばして、肩は下に下げます。

この、〝肩を下げる〟というのが、肩こり解消の大切なポイントです。肩を下げることで、首筋が気持ちよくストレッチされているように感じるはずです。

肩を下げることで、埋もれていた首が出てくるので、首からあごにかけてのラインがすっきりしてきます。デコルテが自然と開き、胸元が美しく見えます。首が長く見えることで、小顔効果もあります。意識的に肩甲骨を寄せることで、取れにくい背中の贅肉もすっきりとしてきます。

肩を下げるためには、ひじをまっすぐストンと下に伸ばすこと。ひじを曲げて内側に抱え込むような体勢をしていると、肩こりがひどくなり、姿勢も悪くなります。

椅子に座っているときには、肩を下げて手をおろし、左右の椅子の座面を持って、肩をじっくり下げるようにしましょう。

通勤などのときには、同じくらいの重さのバッグを2つ持つことをおすすめします。バッグを左右の手にひとつずつさげることで、自然に肩が下がった姿勢をキープできます。その際、「ひじを伸ばしてバッグを持つ」ことが大切なポイントです。

姿勢をよくして美しくなり、肩こりも解消できる一石二鳥のレッスンです。

美しい立ちかた・座りかたは健康にもよい

肩こりと同様に多いのが、腰痛の悩みです。

実は腰痛持ちの人に非常に多いのが〝反《そ》り腰《ごし》〟の状態。

どんなものかというと、お尻を突き出して、腰が後ろに過剰に反ってしまっている状態です。

姿勢をよくしようという気持ちからつい腰に力が入ってしまうために、反り腰になるのです。反り腰は一見姿勢がよさそうに見えることから、多くの人がついやってしまう姿勢なのです。

反り腰になると、上半身を腰だけで支えることになるため、腰にかかる負担が非常に大きくなります。そのうえ、つねに腰まわりが緊張しているのですから、腰が痛くなるのも当然です。歩きかたもぎこちなくなり、あまり美しくありません。
また、反り腰だとお尻やお腹に力が入りません。そのためお尻やお腹に贅肉もつきやすくなってしまいます。

反り腰を解消するコツは、おへそを3センチ上に引き上げるイメージ＋尾てい骨を地面につき刺すイメージをもつこと。

このときひざをゆるめないよう気をつけましょう。お腹もお尻もキュッと引き締まるような姿勢です。

横から見て、尾てい骨から後頭部までが、地面に対して垂直に、まっすぐになっている状態が理想です（反り腰は体幹が斜めに傾いています）。横から見た姿を鏡に映してみるとよくわかりますが、反り腰とくらべて、モデルさんのようにきれいな姿勢になっていると思います。

座るときも同じように、おへそを3センチ上に引き上げ、尾てい骨を地面につき刺すようなイメージで、尾てい骨から真下にストンと腰を落とします。そうすると、腰に負担をかけない美しい姿勢で座ることができます。

ありがちなのが、立っているときと同様、姿勢をよくしようとお尻を突き出して座ってしまうこと。体が前傾して首も前に出てしまい、背中も丸まりやすくなります。

腰痛に悩んでいる人は、**「尾てい骨を地面につき刺す」**を呪文のように唱えてみてください。正しい姿勢が身につけば、腰痛も軽減していくはずです。

このように、**本当に美しく見える姿勢というのは、健康にもよいものなのです**。

私は6歳からバレエをはじめ、プロのバレリーナを目指していました。しかし16歳のとき、重度の腰痛によってバレリーナへの道を断念することになりました。

その後15年かけて、腰痛を完治させました。いまではまったく、腰の痛みはありません。これは美しい姿勢、正しい姿勢を「日々の生活の中で行っていくこと」の賜物《たまもの》だと思っています。

姿勢は毎日のことですから、間違った姿勢を続けていると、骨盤や背骨のゆがみも招いてしまいます。

美しい姿勢で腰痛をなくすことができれば、すばらしいですよね。

鎖骨は神様のくれた天然のネックレス

みなさんは、中世ヨーロッパの貴婦人の肖像画を見たことがありますか？彼女たちはデコルテが大きく開かれたドレスを身にまとっています。絵の中でも、ツヤとした美しいデコルテが強調されています。

当時の平和的な貴族社会では、**〝胸元で社交をする〟**といわれていました。舞踏会などでデコルテの開いたドレスを着て、美しい胸元を相手に向けることが、「コミュニケーションをとりましょう」というサインだったのです。

デコルテは、顔の土台となる部分。ですから、デコルテが美しくないと、顔立ちも美しく見えません。逆にいえば、**デコルテが美しいだけで、顔立ちもいっそう美しく見えるものです**。当時の女性たちは、そのことをよく知っていたのでしょう。

このことは、当時もいまも変わりません。女性が美しさを表現するためには、デコルテがとても大切なのです。

とくに鎖骨は「神様のくれた天然のネックレス」だと私は考えています。鎖骨は、体を立体的に見せたり、しなやかで繊細に見せてくれたりという効果のある、すばらしい部位です。ですからみなさんもぜひ、自分の鎖骨を育ててあげてほしいと思います。

鎖骨のラインは、**左右対称に、横にまっすぐ伸びている**のが理想的です。

肩が上がって前に出ると、いかり肩になって、鎖骨のラインがV字気味になります。

前項でお伝えしたように、日常的に肩を下げるようにすることで、肩こりを防ぐと同時に、きれいな鎖骨のラインを育てることができます。最初はV字気味だった人でも、続けることで魅力的な鎖骨のラインに変わっていきます。

そして、肩甲骨を寄せてデコルテを開き、鎖骨をきれいに見せる姿勢をとることで、首筋や横顔、後ろ姿がどんどんきれいになっていきます。

鎖骨のラインがきれいになると、体重は変わっていなくても痩せてみえます。鎖骨は女性を華奢《きゃしゃ》に見せてくれる効果もあるのです。

鎖骨をきれいに見せるコツは、**〝鎖骨に目がある〟**つもりで所作をすること。

たとえば、食事の席では鎖骨でお料理を味わうようにする。パソコンを見るときは鎖骨を画面に向ける。歩くときには鎖骨をしっかり前に向ける。

そうすると、背中が丸くなったり、肩が内側に入ったりすることなく、自然とデコルテの開いた美しい姿勢がとれます。

そしてときには**胸元の開いた洋服を選んでみる**のも、美しい鎖骨を育てるためのレッスンです。もちろんタートルネックの洋服を着ていても美しい鎖骨のラインはわかりますが、鎖骨の存在を自ら意識することで、美しさが磨かれていくのです。

私がおすすめするのは、ラメ入りのボディジェルなどを鎖骨ラインに沿ってさりげなくつけること。鎖骨が光を受けるたびにきらきらと輝いて、体で宝石を表現することができます。どんな高価なアクセサリーよりも、素敵な天然のネックレスです。

実際、私のサロンの生徒さんでも、最初は胸元を隠すようなタートルネックの服ばかり着ていたのに、鎖骨のラインが日に日に美しくなって、自然と胸元がきれいに開いた洋服を自分で選ぶようになったという人がたくさんいらっしゃいます。

内股をやめるだけで、ほっそりとスタイルがよく見える

最近の女性を見ていて残念に思うことがあります。

若くてとてもかわいらしいお嬢さんたちが、内股でぺたぺたと歩いているのを見かけると「なんてもったいないんだろう」と思ってしまうのです。

内股はつま先が内側に向いている状態で、**スタイルがとても悪く見えてしまいます**。

みなさんも、試しに鏡の前に立ってみてください。

まずは、足を内股にして鏡を見てみましょう。足の間から、向こう側の景色が見えますよね。足のラインが横に広がって、なんだか太って見えませんか？　骨盤のあたりも、もったりと大きく見えるはずです。O脚ではない人も、O脚に見えてしまいますよね。

では、次に内くるぶしを鏡に映すようなイメージで、片方の足の土踏まずの内側に、も

う片方の足のかかとを置くようにして立ってみてください。

いかがでしょうか？　体が引き締まり、縦のラインがすっきり見えませんか？

この足の形は別名「モデル足」ともいわれています。

たったこれだけでも、ずいぶんシルエットが違いますよね。

内股は、太って見えるだけではありません。骨盤を広げてしまうために、実際に腰まわりやふくらはぎ、太ももの外側などに贅肉がつきやすくなって、**下半身太りの原因**になります。また、姿勢が安定せず、猫背、腰痛、背骨のゆがみなどの原因にもなります。

見た目の問題だけでなく、**健康も損なってしまうのが内股です**。

立つとき、歩くときは、決して内股にならないようにしましょう。

リラックスして自然に立ったとき、つま先同士が少しでも内側を向いていたら、内股の傾向があります。

内股で歩くと、足の外側を見せて歩くことになり、足が太く短く曲がったように見えてしまいます。さらに重心がずれるため、体の外側に体重がかかってしまい、バランスが崩れてねんざなどをしやすくなります。

内股は、あなたの魅力を半減させてしまうのです。

誰よりもきれいに立って、歩く方法

ここで、誰よりもきれいな立ちかた、歩きかたができるコツをご紹介します。

まずは、美しく立ってみましょう。

壁に背中をつけるようにして立ってください。このとき、かかと、ひざの裏（またはふくらはぎ）、腰、肩甲骨、後頭部の5カ所が壁につくようにします。

さらにお腹に少し力を入れて、ウエストのあたりも壁に近づけるようにします。お腹に力を入れることで反り腰にならず、腰痛を防ぎます。

体はまっすぐ、天に伸びるようなイメージです。

いかがでしょうか？　とくにひざの裏（またはふくらはぎ）をつけるのが難しいかもしれませんね。いつもの姿勢より、背筋が伸びて、胸が開いて、あごを引いたように感じられると思います。

足は内くるぶしを正面に向けるようにして、後ろの足の土踏まずの内側に、前の足のかかとを置くようにして立ってみてください。

これが基本の美しい立ち姿です。

壁を見つけたら、ぜひこの姿勢をキープしてみてください。最初は1日1分でも十分。慣れないうちはちょっと大変かもしれませんが、毎日少しずつでも続けることで体が覚えて、いつのまにか、どんなときでも自然に美しい立ち姿でいられるようになります。

ちなみに、足は座るときもこの位置が基本です。座るときに足をそろえて斜めに置く人がいますが、この**内くるぶしを見せる足の置きかたのほうが、360度どこから見られても、美しく素敵に見えます。**そのまま立って、スッと歩き出すこともできます。

次に、美しく歩いてみましょう。

先ほどの壁を背にした姿勢から、一歩を踏み出してみましょう。

美しい歩きかたの基本は、〝内くるぶし〟を見せるようにして歩くこと。

内くるぶしを見せて歩くと聞くと、「ガニ股に見えてしまうのでは?」と心配する人もいるかもしれません。でも、まったくそんなことはありません。内くるぶしを見せ体を引き締めて立つことは、バレエの基本でもあります。

内くるぶしを見せるようにして、**1本のラインの上を土踏まずでたどっていくように歩いてみてください。**このとき、かならずラインの外側につま先、ラインの内側にかかとがくるようにします。この足運びなら「ガニ股」にならず、まっすぐきれいに歩けます。

つねに足の内くるぶし、ふくらはぎの内側、ももの内側が正面を向くようなイメージで歩きましょう。体全体が中心に引き寄せられ、歩くだけで引き締まります。内股やO脚も矯正されます。

そして、歩きながら腰を前に出します。着地のときにつま先に骨盤を乗せるようなイメージです。

さらに、胸元を開いて、視線を上げてみましょう。軽くお腹に力を入れて、腰が反らないようにします。

さあ、いかがでしょうか？　女性としての自信を持って、堂々と歩けるような気がしませんか？　内くるぶしを見せながら歩くことで、セクシーかつエレガントな、大人の女性の歩きかたができるようになります。

履くだけで美しくなれるハイヒール

あなたをもっと美しく見せるために、ぜひおすすめしたいのが「ハイヒール」です。

でも、ハイヒールが苦手な女性って、多いですよね。

「ハイヒールを履くと足が痛くて痛くて、もうこりごり」「私の足にハイヒールは合わないから無理」「外反母趾や腰痛になるから、絶対に履かない」

そんな声をよく耳にします。

でも、ハイヒールを履いて足が痛くなるのも、うまく歩けないのも、外反母趾や腰痛になるのも、**正しい履きかた、歩きかたを知らないから**なのです。

実は、ハイヒールを履くといいことだらけ。私は「女性として生まれたからには、履かないと損!」とまで思っています。

ハイヒールを履くだけで、どんなことが起こるかをご紹介しましょう。

①履くだけで、きれいに見えます

ハイヒールを履いた瞬間、見た目のマジックが起こります。

腰の位置、つまり体の重心が上がります。それだけで、背が高く、足が長く、ウエストや足首が細く、顔が小さく見えます。体のシルエットがとても美しく見えるのです。

そして、ハイヒールを履くとひざ下が長くなりますから、足のラインがより美しく見えます。立っているときはもちろん、座ったときにはっきりと違いがわかります。

履いた瞬間からきれいになれるハイヒール。履かない手はありませんよね。

②履くだけで、美しい体型がつくれます

ぺたんこ靴で歩くと、体の重心は下に下がっていきますが、ハイヒールで正しく歩くと、体の重心は上へ伸びていくようになります。

ハイヒールを履いて正しい歩きかたをするだけで、アキレス腱が引き締まって足首が細くなり、お尻やウエストがキュッと引き締まります。

また、実際に試してみるとわかりますが、ハイヒールを履くと、猫背、前のめりではうまく歩けません。ハイヒールを履いていると、軽くつま先立ちをしている体勢になるので、自然と背筋が伸び、姿勢がよくなるのです。

③ 履くだけで、気持ちが上がります

ハイヒールは、女性らしい気持ちを高めてくれます。

一度でもハイヒールを履いたことのある人なら、きっとわかると思います。ハイヒールを履いた瞬間、それまでとは違う気持ちになりませんでしたか？

たとえ数分後に足が痛くなってしまうとしても、履いた瞬間、女性らしい凛《りん》とした気持ち、よろこびの気持ちが生まれますよね。それがとても大切なのです。

ぺたんこ靴で歩くと、どうしてもドタドタという歩きかたになってしまいます。それではよろこびの気持ちは生まれませんよね。

ハイヒールを履いて心がよろこぶことで、所作も自然と美しくなるのです。

④ 履くだけで、まわりに与える印象が変わります

たとえば、ハイヒールを履いて美しい足元を演出している女性と、ぺたんこ靴でドタドタと歩く女性がいたとします。

就職活動で面接官の印象がいいのは、どちらの女性でしょうか？

また、上司が取引先に紹介したい、大事な会議やミーティングに同席させたいと思うのは、どちらの女性でしょうか？

もちろん、ハイヒールを履いている女性です。

見た目よりも内面や中身が大切という意見はもっともです。私もそう思います。でも、限られた時間だったり、能力に大きな差がなかったりすれば、外見のイメージが重視されることも少なくありません。

足元はその人のイメージを大きく左右するもの。ハイヒールを履いているだけで、育ちのよい女性、仕事のできる女性、教養のある賢い女性というイメージを相手に与えます。レストランやおしゃれなカフェなどでも、ハイヒールを履いている女性はよい席に案内されます。**さまざまなシーンで、〝引き立てられる女性〟になることができるのです。**

ハイヒールを履くだけで、まわりのあなたに対する扱いかたはかならず変わります。

ハイヒールは、単にかかとの高い履物ではありません。**ハイヒールは、あなたをエレガントで賢い女性に見せるための大事な小道具。**ジーンズなどのカジュアルなファッションでも、ハイヒールを履くだけで、あなたをエレガントな大人の女性に見せてくれます。

高価なアクセサリーやバッグ、入念なメイクなどよりも大きな効果が得られるということを、ぜひ覚えておいてください。

すでにハイヒールを履きこなしている方には、ハイヒールの正しい履きかた・歩きかたを再確認して、もっと好きになってほしいのです。そして、これまでハイヒールをほとんど履いたことがないという方には、ぜひハイヒールにチャレンジして、いまよりもっと美しくなってほしいと思います。

また、若い頃は颯爽《さっそう》とハイヒールを履きこなしていた女性も、子育ての過程でぺたんこ靴に戻ってしまうことが多いようです。

私のサロンの生徒さんにも、子育てを終えて「もう自分は年をとっていくだけ」と人生を半ばあきらめていたという方がいました。でも、ふたたびハイヒールを履くようになってからというもの、「私、まだまだいいじゃない！」と女性らしい気持ちを取り戻して、毎日が明るくなったそうです。こんなふうに、ハイヒールを履くことで、自分に自信を持てるようになったり、人生が輝きはじめたりしたら、とても素敵ですよね。

ハイヒール初心者のかたへ

とはいえ、ハイヒールは痛い、疲れる、つらい……というイメージを持っている人も多いと思います。

でも、大丈夫。誰だって、ハイヒールを履くことができます。

ハイヒールに苦手意識を持っている人は、**ハイヒールを履くためのコツを知らないだけ**なのです。

私がサロンを開いて10年になりますが、大学生くらいから70歳過ぎの方まで、2000人以上の女性が「ハイヒールを履きこなしたい」という気持ちでレッスンを受け、実際に上手に履けるようになっています。

まず知っておいてほしいのは、「ハイヒールを最初から履ける人はいない」ということ。

生まれたばかりの赤ちゃんは、歩くことができませんよね。赤ちゃんは、ハイハイからはじまって、やがて立つことができるようになり、伝い歩きをして、ようやく1歳くらいで歩けるようになります。

ハイヒール初心者は、赤ちゃんの状態と同じなのです。ハイヒールを履きこなせるようになるためには、赤ちゃんが歩くまでに時間がかかるのと同様に、ハイヒールを履くための過程が必要です。

ですから、ハイヒール初心者がいきなり細い9センチヒールを履こうとするのは、生まれたばかりの赤ちゃんに、いきなり「歩きなさい」「走りなさい」というようなもの。なのに、生まれたばかりでいきなり歩こうとして、「私にはハイヒールなんて無理」とあきらめてしまっている人がとても多いのです。

これからハイヒールを上手に履いてみたいという人は**「最初からハイヒールが履きこなせる人はいない」**ということを知ったうえで、チャレンジしてほしいのです。

「私は女性らしくないから、ハイヒールが履けない」なんて、決して思わないでくださいね。少しずつ準備を整えてから、赤ちゃんがはじめて歩いたときのように、最初の一歩を踏み出す。そういう過程があるのだと、理解してほしいと思います。

今日からはじめるハイヒール・レッスン

ハイヒールを履けるようになるためには、ある2つの部位を鍛えることがコツ。

それが、**①足指と、②足裏**です。


まずは、①の足指。

ハイヒールを履けない人の足指は、かならず縮こまっています。

足指が縮こまったままハイヒールを履こうとするから、まめができたり、すり切れたり、外反母趾になったりするのです。足指が縮こまっていることが、歩きにくさの原因にもなります。

日頃から、足指がまっすぐに伸びるようにお風呂でマッサージをしたり、足指をよく動かして、伸ばすエクササイズをしてみてください。

足指の筋肉を鍛えるためにおすすめの、簡単なエクササイズがあります。

まずは裸足になって椅子に座りましょう。足元の床にボールペンや消しゴムなどの小物を置きます（サロンのレッスンでは、スーパーボールを使うことが多いです）。

そして、その小物を足指でつかんで持ち上げる練習をしましょう。

このとき大事なのは、足首を曲げずに、足の甲を伸ばすこと。実際に持ち上げなくても、持ち上げる動作をするだけでも十分効果があります。

このエクササイズはテレビを見ながらでも簡単に行えますから、時間のあるときに、ぜひやってみてください。

次に、②の足裏の筋肉。

ハイヒールを履くためには、足裏を鍛えることが大切です。ここで足裏を鍛えるための簡単なエクササイズをご紹介します。

足裏の筋肉を鍛えるためには、つま先立ちが効果的です。

内股にならないようにつま先を軽く開いて、頭を上へ上へ、天に届くまで伸ばすような

気持ちで、思いっきりつま先立ちをしてみましょう。足の裏の筋肉が使われているのが実感できると思います。

さて、支えのない状態で、どのくらい立っていられましたか？

足裏の筋肉が衰えていると、せいぜい数秒間しかキープできないと思います。最初は支えがあってもかまいませんから、このつま先立ちを習慣にしてみてください。

洗面所で歯磨きをしているときでも、キッチンで煮物をつくっているときでもできるエクササイズです。

このように足指・足裏を鍛えると同時に、背筋・腹筋を適度に鍛えることで、ハイヒールを履くのが驚くほど楽になります。

ぺたんこ靴は楽に感じるかもしれませんが、それはあなたの足の筋肉がぺたんこ靴に慣れているだけ。ハイヒール向きの筋力、そして正しい歩きかたを身につければ、ハイヒールだって楽に履けます。

きちんと体をつくれば、70歳からでもハイヒールを履くことができます。私自身「100歳になっても、ハイヒールを履き続けていたい」と思っています。ハイヒールを履くためには、まず足指と足裏の筋肉を整えることが大切なのです。

私は取材などでお客様がいらっしゃるときは、家の中でもハイヒールを履いています。ふだんはヒールの高さが6センチくらいのハイヒールスリッパを履いています。それだけでも、背筋が伸びて、所作も変わってきます。

欧米では家の中でも靴を履いたままですが、日本では家に入るときは靴を脱ぎますよね。でも、靴を脱いだ瞬間、体がだらんと下がって、姿勢が悪くなってしまうような気がします。そしてつい、ドタドタと歩いてしまうのではないでしょうか?

もちろん文化の違いですから、どちらがいいとはいえません。でも、**日本人に猫背が多い原因のひとつは、家の中で靴を脱ぐという文化のせいではないかと私は感じています。**

靴を履いていないだけで、多少なりとも、所作はだらけてしまうものです。ハイヒールは、履くだけで所作を美しくする効果があるのです。

家の中でも少し高さのあるスリッパを履くだけで、所作はずいぶん違ってきますよ。

ここで、ハイヒールで歩くときの簡単なコツをご紹介しましょう。

足さばきは43ページで紹介したように、内くるぶしを見せるようにして、1本のラインの上を土踏まずでたどるようにします。視線は下げずに、まっすぐ前を向いたまま。**ハイヒールを履いて歩くときは、つま先とかかとが同時に地面につくようにします。**前から歩いてくる人に、靴の裏を見せないようにするのがポイントです。足を着地させるときには、ていねいに、そっと置くような気持ちを忘れないようにしましょう。

家の中で靴を脱いで歩きかたの練習をするときは、つま先から着地するようにすると、実際にハイヒールを履いたときにつま先とかかとが同時に着地できるようになります。

この歩きかたを体に覚え込ませることで、腰に負担がかからず、ひざも曲がらずに美しく歩くことができます。ぜひ、時間のあるときに練習してみてください。

美の黄金比を体にあてはめる

みなさんは、美の黄金比というものをご存じですか？

黄金比にはいくつか説がありますが、もっとも有名で昔から使われているのが、長さの比率が1：1・618……というもの。約1：1・6と覚えておけばよいでしょう。

この黄金比は、ピラミッドやパルテノン神殿、金閣寺といった建造物、ミロのヴィーナスやモナ・リザといった美術品など、古くからさまざまな美しいものに用いられています。実は国旗や名刺なども、縦横の長さがほぼ黄金比になっています。私たち人間が、**見た目に美しい、落ち着く、心地よい、収まりがよいと感じる比率**なのでしょうね。

ならば、私たちも日常の美に応用しない手はありません。

ここでは、数字が苦手な人にも簡単に覚えられる、美の黄金比を使ったファッションのポイントをご紹介します。

まず、上半身。

座っているときなどもそうですが、相手からの視線は上半身に集まることが多いですよね。上半身を黄金比の合計である約2・6にあてはめてみると、支点となるのは〝鎖骨ライン〟のあたりです。上半身ではこの鎖骨ラインが、黄金比のポイントになります。

頭からウエストのあたりまでで、どこにファッションのポイントを置くかというときは、**鎖骨ラインにアクセントを置くと、とてもバランスよく、美しく見えます。**華やかに若々しく見えますし、視線がばらけないので顔が小さく見えます。

たとえばパーティや結婚披露宴などでコサージュをつけるとき、ジャケットやドレスの胸のあたりにつけるという人が多いのではないでしょうか?

でも、この黄金比のマジックを使うなら、コサージュは鎖骨のあたりにつけましょう。鎖骨ラインの片側に寄せてつければ若々しくておしゃれな感じに、中央につければかしこまった正統派の印象になります。

コサージュなどを胸のあたりにつけると、もっさりとして老けて見えてしまいます。鎖骨ラインは思ったより上に感じるかもしれませんが、実際につけてみるとバランスのよさが実感できると思います。

ふだんのファッションでも、チョーカーやネックレスなど、鎖骨ラインにアクセントがあるアクセサリーをつけるだけで、上半身の収まりがよくなります。逆にいえば、どんなに高価なアクセサリー、素敵な小物であっても、つける場所を間違えると、洗練されて見えないのです。

マフラーの結び目やスカーフの留め具などを鎖骨ラインにもってくるのも、バランスよく見せるコツです。

とくに私がおすすめしたいのは、ブローチ。

ブローチを持っていない人は意外に多いですが、お気に入りのものを探して持っておくと、とても便利です。鎖骨ラインにつけるだけで、何気ないブラウスやカットソーが華やかになって、とても素敵です。

使いやすいのは、丸形、六角形など、左右対称のもの。右にも左にもつけられます。カジュアルな布製のブローチやリボンなどでもかわいらしいと思います。

次は全身です。

全身の長さを黄金比にあてはめてみると、支点となるのは〝おへそ〟のあたり。まさにウエストラインです。

人間の体は神様が美しく創造したといわれています。そう考えてみると、**おへそやウエストラインは神様がくれた自然のアクセントなのかもしれません。**神様はきっと、無意識のうちに美しく見せるポイントを私たちに教えてくださったのでしょう。

実際、ミロのヴィーナスをはじめ、絵画や彫刻のボディはおへそが見えていることが多いですよね。当時の芸術家たちは、おへそがボディラインの美しいアクセントだということを本能で感じていたのでしょう。

でも、私たちはさすがにおへそを出して歩くわけにはいきません。ですから、ウエストラインを目立たせるベルトを使いましょう。ワンピースなどもベルトを上手に使ってウエストマークすると、スタイルがよく見えます。見た目のマジックで、7頭身、8頭身に見えることもありますよ。

中世の貴婦人たちがウエストを絞って着たドレスやウエディングドレスなども、おへそのところからふんわりと広がったプリンセスラインになっています。日本でいうと、着物の帯留めもちょうどおへそのあたりです。まさに先人の知恵ですね。

もちろん流行もありますが、ローウエストのものはあまりスタイルがよく見えません。若い男性の腰パンなども、足が短く見えてしまいますよね。


〝おへそ〟と〝鎖骨〟。

この2カ所にファッションのアクセントを置くことで、**のっぺりとした印象にならず、体を立体的に見せることができます。**

コートやジャケット、ワンピース、ブラウスなども、デザインのアクセントが、〝おへそのあたり〟か〝鎖骨のあたり〟にあるとバランスよく見えます。このことを覚えておくだけで、洋服選びのコツになりますよね。カジュアルでもフォーマルでも、自分らしいおしゃれにプラスしてみてください。

ただ、忘れないでほしいのは、アクセサリーや小物は、あくまであなたをより華やかに、美しく見せてくれるための引き立て役だということ。

いちばんの主役はあなたの体です。いつも姿勢をよくして、デコルテを開くことを忘れずに。

いちばんきれいな自分を写真に残す

女性なら誰でも、写真にはできるだけ美しく、しかもスタイルよく写りたいもの。とくに同窓会や懇親会などの集合写真は多くの人が目にするものですから、最高の自分を残しておきたいですよね。

写真を撮るとき、体も顔も真正面のレンズのほうに向けてしまうと、スタイルのいい人でも大きく横に広がって見え、ぼてっとした平面的な印象になってしまいます。

これを防ぐには、**体にひねりを入れること**。

バレエでは、8方向を意識しながら体を動かします。正面から45度ずつ時計回りに、**①番：正面、②番：右斜め前、③番：右横、④番：右斜め後ろ、⑤番：後ろ、⑥番：左斜め後ろ、⑦番：左横、⑧番：左斜め前**という8つの方向です。つねにこの8つの方向のいずれかに、顔、デコルテ、足が向いていることで、バレリーナは美しく見えるのです。

みなさんも写真を撮るときには、この8つの方向を意識してみてください。

たとえば顔を正面の①番に向けるなら、デコルテを⑧番の左斜め前、もしくは②番の右斜め前に向けます。そうすると体全体のシルエットがとても美しく見えます。

「写真を撮りますよ」といわれたら、とっさにウエストをひねってデコルテを45度斜めに向けましょう。**角度をつけることで自分の体に光と影をつくり、立体的な深みのある見えかたになるのです。**ウエストをひねることで、腰まわりもシェイプされてほっそりと見えます。もちろん、体全体を斜め前に向けるだけでも、十分立体的に見えます。

ちょっとしたテクニックですが、これを知っておくだけでより美しく写真に収まることができます。

結婚式などでドレスや着物を着て撮影するときは、後ろ姿も撮っておきたいですよね。後ろ姿もそのまま真後ろから写すと、ぼてっとした平たい印象になってしまいます。後ろ姿をきれいに映すポイントは〝首筋〟。デコルテを④番、顔は②番（もしくはデコルテを⑥番、顔は⑧番）に向けると、首筋のラインがとてもきれいに見えます。

美しく写真に収まるためには、首のひねりが重要です。首がガチガチになって動きにくくなっている人は、日頃から首のストレッチをしておくことをおすすめします。首筋が顔を向ける方向にしっかり伸びていると、顔のラインや肩のラインがきれいに見えますよ。

また、**女性の顔がいちばん美しく見えるのは、斜め45度の角度**だといわれます。自分の顔を鏡でよく観察して、②番の右斜め前と⑧番の左斜め前ではどちらがきれいに見えるか研究しておきましょう。

顔は左右対称ではありませんから、かならずきれいに見える方向があります。目の大きさや位置、頬の感じなどをよく見て、お気に入りの角度を覚えておきましょう。斜めごしに写真を撮るときなど、とっさにいちばんきれいな自分を見せることができます。

いちばんきれいな自分の角度がわかっていれば、デートなどでどの席に座るかといったことにも応用できますよね。

美人は鏡を味方につける

突然ですが、あなたは鏡が好きですか？

実は、鏡が嫌いな人は意外に多いのです。

なぜなら鏡を見るたびに、「肌が荒れている」「目のクマがひどい」など、**細かいところばかり気にしてしまうから**。また、年齢を経るに従って、「年々増えていくシミやシワを直視したくない」「老いていく自分の顔を見るのが嫌だ」と、だんだん鏡が嫌いになってしまったという人も多いようです。中には、1日に一度も鏡を見ないという人もいるそうです。

女性はお化粧をするとき、自分の顔を近くで見ていますよね。だから嫌なところばかりが目について、「シワが増えた」「肌が荒れている」などと気になるのです。

でも実際には、誰もそんな細かいところまで見ていません。人と向かい合って話をするとき、お化粧をするときの鏡のように近い距離で向かい合うことはまずありませんよね。他人が見ているあなたは、だいたい1メートルくらいは離れているはずです。ですから、細かいシミやシワといったディテールなど、他人はほとんど気にしていないのです。

ただし、**他人はあなたを、全体のシルエットでとらえています。**

多くの女性は小さな鏡でアップにした自分の顔ばかり見ていますが、人が見ているのは、あなたの立ち姿、歩きかた、身のこなしなどのほう。つまり、ほとんどの人は、毎日鏡を見ているようで、本当の自分が見えていないのです。

小さな鏡でアップにした自分の顔ばかり見ていては、自分の姿を部分でしかとらえることができません。アイメイクをがんばって、まつげを長くしたり、目を大きく見せたりするのももちろん素敵なことですが、猫背になっていたり、内股になっていたり、洋服にホコリがついていたりでは、なんだか残念ですよね。

鏡を見るときのコツは、パーツだけを見ないで、トータルで見ること。そして、点では

なく、線や面で見ることです。

自分の姿を鏡で見るときも、1メートルくらい離れて、全身のシルエットを確認するようにしましょう。自分の姿を離れたところから客観的に見てみると、細かい部分よりも全体のシルエットやライン、雰囲気のほうが大切なことがわかると思います。

ですから、**家には全身が映るような大きな鏡を置いて、つねに自分の全身をチェックする癖をつけることをおすすめします。**

大きな鏡で見てみると、姿勢が悪いと美しくないということがひと目でわかります。ファッションも、個々のパーツは素敵でも全体のバランスで見ると違和感があるといったことに気づくことができます。

私は高さが2メートル近くあるような大きな鏡を、いくつも家に置いています。しかも階段の下、玄関先など、自分が毎日何度も通るところに配置して、日常的に自分の姿をチェックできるようにしています。

美しくなるためのレッスンとして私がおすすめしているのが、**自分が1日のうちでいちばん長くいる場所に鏡を置くこと。**

鏡の前に立つときは、ある程度身構えて自分を見るものですよね。不意に映った無防備な自分を見ることで、他人から見えている自分の姿を客観的に知ることができます。

たとえば、主婦の方ならキッチン。正面でなく、目の端に自分の姿が映る程度の、邪魔にならない場所に鏡を置きます。ある生徒さんは、お料理をしている自分の姿を見て「姿勢が悪くて、なんだかおばあさんみたい！」と驚き、どんなときにも姿勢に気をつけるようになったそうです。

オフィスで仕事をしている人なら、パソコンのわきなど。やはり正面ではなく、自分の横顔のシルエットが視界の端で確認できるような場所に鏡を置いてみましょう。無防備な自分の姿が視界に入ってきますから、無意識のうちに美しい姿勢を保とうとするようになります。

日常の中でも、街のショーウィンドウを味方につけて、自分の姿をさりげなく横からチェックしましょう。

シワやシミは、あなたが生きてきた証です。気にすることはありません。

それよりも、**シルエットを美しく保つ**ことを心がけましょう。シルエットは、心がけひとって美しく変えられます。たとえ70歳になっても、80歳になっても。

背筋をピンと伸ばして、足がまっすぐにそろっているあなたの姿は、いくつになってもとてもきれいです。きれいな姿勢を保ちながら、きれいに見えるしぐさを研究していきましょう。

そうすれば、いくつになっても、鏡が好き、自分が好きなあなたでいられます。

鏡はあら探しのための道具ではありません。鏡は他人の目で自分を見るための道具であり、自分の美しさを助けてくれる道具であり、自分を好きになるための道具です。

このことをぜひ、心に留めておいてください。

背中で服を着て、胸元で冒険をする

ファッションでは、「背中で服を着て、胸元で冒険をする」ということを、私は心がけています。

まず、「背中で服を着る」という意味ですが、洋服のラインは背中がもっとも重要だということです。男性の背広にかぎらず、服というのは背中で着こなすもの。女性のスーツやワンピースでも、**背中のラインが全体のシルエットを決めるのです。**

若くてきれいな顔立ちの女性でも、背中が丸まっているだけで、なんだか元気がなく、だらしないイメージになってしまいますよね。その人の印象は、背中で決まるといっても過言ではありません。

でも、後ろ姿のラインは、自分では見えません。意外なことに、自分の後ろ姿をほとんど見たことがないという人が多いのです。着替えて鏡を見るときは、かならず合わせ鏡で後ろ姿、背中のラインをチェックしましょう。「こんなに背中が丸くなっていたなんて!」と驚く人も少なくないはずです。

人に真正面からまじまじ見られる機会なんて、実はあまりないものです。鏡をチェックするときは真正面の自分ばかり見ているのに、不思議ですよね。

人から見られているのは、正面よりも後ろや横からです。自分ではほとんど見ていないのに、**人からいちばん見られているのが〝背中〟なのです**。ですから、私は日頃から**前=3:後ろ=7**の意識で過ごしています。

オフィスでデスクに向かっているときも、あなたの背中が見られています。パーテーションなどで仕切られていればなおさらですよね。

相手の目線と自分の目線は真逆だということを覚えておきましょう。

それに気づけたら、ファッションやヘアスタイルも、後ろ姿を意識したものに変わってくると思います。

そして、「胸元で冒険をする」ということ。

たとえば、いくらピンクが好きだとしても、いきなりピンクのワンピースを着るのは抵抗がありますよね。そんなときは、スカーフやネックレス、ブローチなど、胸元にピンクをあしらってみるのです。

胸元に差し色を置くことで、顔映りの具合もわかりますから、自分にはどんな色が似合うのか、色によってどんなふうにイメージが変わるのかを試してみることができますよね。それに、デザインのポイントは下のほうよりも胸元（鎖骨のあたり）にあったほうが、全体のバランスもよく見えます。

胸元に差し色を置くくらいなら、多少派手なものでも大丈夫。また、胸元が開いたブラウスやセーターなどは、鎖骨を見せ、女性らしさをアップさせてくれます。私はこれを「胸元の冒険」と呼んでいます。

「胸元の冒険」という意味では、男性のネクタイもそうですよね。ダークカラーのスーツを着ていても、ネクタイの色や柄なら多少の遊び心も素敵です。

「胸元の冒険」で、ぜひ自分に似合うもの、似合わないものを知るきっかけにしていただけたらと思います。

美は伝染していくもの

漠然と「美しい女性になりたい」と思っていても、何からはじめていいのかわかりませんよね。

そんなときは、自分を知ることからはじめましょう。

まずは自分を客観的に見るために、自分の体を１００パーツくらいに細かく分けてみてください。

爪、指先、手の甲、二の腕、鎖骨、まつげ、おでこ、耳、髪、うなじ、耳、くちびる、首、胸、背中、お尻、おへそ、ふくらはぎ、ひざ、足指……。これでもまだ20パーツです。もっともっと細かく分けてみてください。

そして１００パーツに分けた部位を、それぞれじっくり観察してみましょう。

その中で、自分自身の好きなところ、自信のあるところはどこでしょうか？

「私にはいいところなんてひとつもない」と思い込んでいる人でも、自分を細分化して客観的に観察することで、好きなところ、素敵なところがいくつか見つかるはずです。自信のないところは、ひとまず棚にあげてしまいましょう。

たとえば「爪の形だけはきれいかも」と思えたら、そこから磨いていきましょう。ネイルケアだけは念入りにして、いつも爪をピカピカにしておく。そうすると、不思議なことにだんだん手の動きが優雅になって、美しい所作ができるようになります。

「足の形は悪くないんじゃないかな」と思えたら、足をきれいにそろえて立ったり、足のラインがきれいに見えるファッションを心がけたりしましょう。そうすると、どんどん歩きかたがきれいになっていきます。

「自分の耳の形が気に入っている」という人は、お気に入りのピアスやイヤリングをつけて、耳を見せるようなヘアスタイルに変えてみましょう。そうすると、首筋のラインが見違えるようにきれいになっていきます。

私は、**「美は伝染していくもの」**だと信じています。ですから、**「私はこの部分が美しい」と思えたら、まずはそこを磨いて、光らせていく。**そうすると、その部分が光り輝いて、周辺にどんどん美が伝染していきます。

爪が光り輝いたら、手が、腕が、肩が、上半身が……という具合に、美がどんどん増殖していくようなイメージです。

そしていつのまにか、自信に満ちあふれた本物の全身美人になれるのです。


以前、サロンの生徒さんで、自分の手が嫌いだという人がいました。その方はいつも自分の手を隠すようにしていたのですが、よく見るととてもきれいな、形のよい手をしているのです。ある日私が「手のモデルさんになれるくらい、本当に美しい手ね」とほめたところ、次に会ったとき、彼女は爪にきれいなネイルをほどこしていました。そしてだんだんと、手の動きが美しくなっていったのです。彼女の全身の所作は、日に日に美しく、女性らしいものに変わっていきました。もちろん、手を隠すようなしぐさはすっかりなくなりました。手が美しいと自信を持つことで、指先から少しずつ美が伝染して、全身に広がっていったのです。

自信がないからと、せっかくのいいところを打ち消すようなファッションやしぐさをしていたら、美は育まれません。

まずは自分の好きなところ、いいところを見つけることからはじめてみましょう。「私のここがきれい！」と思うだけでも、美意識が生まれ、心が華やいで、やさしく女性らしい雰囲気に変わっていくはずです。

もちろん、外見的なことだけでなく、得意なスポーツがある、敬語の使いかたが完璧、美しい字を書けるといったことでもいいのです。

大切なのは、**好きなところ、いいところを認めて、伸ばすこと**。そして、自分に自信を持つことです。そうすると、不思議と人と比較しようと思う心根が消えていき、**自分らしい美しさ**を追求していくことができるのです

第2章

しぐさ

一生ものの美しさの掟

男性は〝しぐさ〟のきれいな女性に惹かれる

とくに美人というわけでもないのに、なぜか男性にモテる女性、すごく仕事ができるというわけでもないのに、会社の上司や同僚たちに慕われている女性っていますよね。「自分と彼女では何が違うの?」なんて、思ったことはありませんか?

その答えは、「しぐさ」ではないでしょうか。

思い出してみてください。そのモテモテの女性は、容姿は普通でも、しぐさが美しかったり、動きがていねいだったりしたのではないでしょうか?

実は男性って、しぐさのきれいな女性が好きなのです。

女性は案外、同性である女性のしぐさに無頓着《むとんちゃく》なもの。男性は、女性が思っている以上に、女性のしぐさをよく見ています。

私のサロンの生徒さんたちも、同性の友人よりも、まずは恋人やご主人から「きれいになったね」といわれる方が多いのです。

よく、「男性は女性の外見ばかり気にする」などといわれますが、その通りです。でもその外見とは、顔立ちやスタイルの美しさではなく、**女性らしいしぐさや立ち居振るまいのこと。男性は、女性のしぐさにほれるものなのです。**

男性に好きなタイプの女性を聞いたとき、女性アナウンサーの名前があがることが多いですよね。それは、彼女たちの話しかたはもちろん、所作や立ち居振るまいが洗練されているからではないでしょうか？

どこに連れていっても恥ずかしくない女性、見とれるような女性らしい所作ができる女性。男性は、そういう女性が好きなのです。

しぐさを美しくすると、引き上げられる力が増してきます。

つまり、重要なミーティングに同席させたい部下、大切なパーティに連れていきたい恋人や妻になれるのです。

美しい振るまいによって、自分も相手も、お互いが幸せな気持ちになれるし、仕事や人生もうまくいくかもしれません。とてもいい相乗効果ですよね。

私のサロンに通いはじめたある生徒さんは、結婚して数十年、はじめてご主人様から素敵なレストランに誘われたそうです。その話を聞いて、私も自分のことのようにうれしくなりました。ふだんは自分から誘うのが苦手なご主人様も、奥様の所作がきれいになっていくのを見て、自然とどこかに連れていきたいという気持ちになったのでしょう。

私自身、これまでたくさんの素敵な方たちにめぐり会うことができ、日々すばらしい人脈が増えています。主人からも「君と一緒にいると、なぜか人に覚えてもらえる」「君をパーティや会合に連れていくと、仕事がうまくいく」といってもらえます。

しぐさ美人は、異性の心をとらえて離しません。

誰でも将来年をとって、容姿は衰えることがあるかもしれません。

でも、**身につけた美しいしぐさは一生ものです**。決して、衰えることはありません。それどころか、日々磨かれるものなのです。

美しくなることを恐れてはいけない

女性らしく振るまうことがなんだか気恥ずかしくて、わざとがさつに、サバサバした態度をとってしまう人がいますよね。

でもそれは、とてももったいないことだと思います。少し所作を変えただけで、すごくかわいらしく、きれいに見える人なのに……。

ほかの人より一歩リードするのが苦手だから、もしくはほかの人より少し劣っているくらいが気楽だからといった理由で、**あえて雑な振るまいをしている人、いませんか？**

多少雑に振るまっていたほうが、人とつながっていられる、親しみを持ってもらえるという感覚があるのではないでしょうか？

日本人は自己肯定感が低いといわれます。それは日本の島国文化に起因する感情なのかもしれません。

自分が美しい振るまいをすることで、周囲から浮いてしまう、気取っていると思われる、仲間はずれになる……、などと考えてしまうのです。

でも、そのままずっと過ごしていたら、損をするのは自分自身です。

他人は他人、自分は自分です。

あなたがいいなと思ったことは、恐れることなく、自らの意志で、自ら選び、自ら行動すべきです。


しぐさを美しくすると、相手だけでなく、自分自身も心地よいもの。

それに、**美は他人にも伝染するものです**。

ある日私が電車の座席に座っていると、前の席に小学生くらいの女の子が座っていました。当初その女の子は、子どもらしく足を投げ出して座っていたのですが、私のほうをじっと見ると、私と同じように姿勢を正し、足をきれいにそろえたのです。

小さな女の子でも、いいなと思ったことは真似したくなるのです。あなたが美しい所作を身につければ、それをいいなと思ったまわりの人にも、かならず美が伝染します。

日常の所作はワルツのリズムで

みなさんは、ワルツのリズムをご存じですか?

そう。あの1、2、3、1、2、3という、3拍子のリズムです。

日常の何気ない所作を美しいものにするためには、ワルツのリズムが非常に有効です。

ワルツは中世ヨーロッパの時代からはじまり、平和的なリズムとして愛されてきました。**自分の心にも、相手の心にも、優雅な落ち着きを与えてくれるのが、ワルツのリズムなのです。**

ワルツは円舞曲と訳されます。中世ヨーロッパにはじまり、華やかな社交界を彩《いろど》ってきました。当時の高貴な女性たちは、立ち居振るまいを美しくするために、バレエを習い、ワルツのリズムを身につけたのです。

現代の私たちも、ワルツのリズムを体の中に忍ばせておくと、立ち居振るまいが自然と品よく、優雅になってきます。

今日から貴婦人になったつもりで、所作をすべてゆったりと優雅な3拍子のリズムで行ってみましょう。

基本は、1、2、3、で行って、1、2、3で戻るイメージです。

ものをとるときも、1、2、3で手を伸ばして、1、2、3で引き寄せる。

ドアの開け閉めも、1、2、3で開け、1、2、3でゆっくり閉める。

このように、日常のしぐさを3拍子のワルツのリズムで行ってみてください。驚くほど所作や立ち居振るまいが美しくなるはずです。

1、2、1、2、という**2拍子のリズムで動いていると、せかせかした落ち着かない印象**になります。

美しい所作のレッスンとして、家の中で好きなワルツの曲をかけて、それにあわせて体を動かしてみるといいですね。

同じ3拍子ということで、『メヌエット』などもおすすめです。

手は口ほどにものをいう

日常生活であなたの所作を美しく見せるポイントがあります。

それは、手の動き。

人に接しているときに、相手に見せている体の部分は、主に手と顔ですよね。

ですから、手の動きはとても大切です。「目は口ほどにものをいう」ということわざがありますが、私は「手も口ほどにものをいう」と思っています。

手の動きを美しく見せるためのポイントは、〝手首の内くるぶし〟です。手首の内くるぶしは、ちょうど親指のつけねの下あたりです。

ここに光をあてるような手の動きを心がけるだけで、手の所作が美しくなります。

実際にやってみましょう。

まずは、人差し指、中指、薬指、小指の4本を軽くまとめて、離れないようにそろえます。人差し指はリーダーのようなイメージで、まっすぐ。親指は中指にそわせるようにします。このとき、**指の関節はなるべく曲げないように**しましょう。

これだけでも、手首のラインがとてもきれいに見えてきます。

この手の形を基本にして、動きを出すときには手首の内くるぶしに上からの光をあてるようにしてください。ティーカップやスプーンをとる、書類を置く、手を振る……などの動きが、とても美しく、エレガントに見えてくると思います。

相手に手を見せるときには、手のひらではなく、手の甲を相手のほうに向けましょう。

手の内くるぶしを意識して動かしていると、贅肉がつきやすい二の腕を使うようになり、知らない間に二の腕が細くなっていきます。

極端ですが、試しにこれと逆の手の動きをしてみましょう。

手指はそろえずに離しておく。手指を曲げる。そして内くるぶしを見せないよう、手のひらを相手に向ける。

いかがでしょうか？　美しさとは対極の、お化けや怪獣をイメージさせるポーズになってしまいますよね。

ちなみに、NGなのが手を握り込んでしまうこと。

ほとんどの人は緊張したり力が入ったりすると、無意識に親指が上がってきたり、手を握り込んだりしてしまいます。**手を握り込むと、不思議なことに体も内向きになって、背中も丸まってしまいます。**

体はすべてつながっていますから、指先をスッと伸ばすだけで、背筋が伸びてきれいな姿勢になります。

おさらいしましょう。

①人差し指をリーダーに、４本の指はまとめてそろえ、伸ばす

②親指は中指にそわせる（親指をたたむようなイメージです）

③相手には手の甲を見せる

④手首のくるぶしに光をあてるようにする

今日からこの４つを意識するだけです。これだけで、あなたの手の動きはとてもきれいになります。

やわらかく、ていねいに動かすことが大切です。

優雅な指先をつくるアクセサリー

指先の所作を美しくするレッスンとして、私がおすすめするのは、**人差し指に指輪をつけること**。

私はサロンのレッスンで、「あなたの人差し指に、美しい蝶が止まっている様子をイメージしてください。その蝶が飛んでいってしまわないように、やわらかく手を動かしてみてください」とお話をすることがあります。

あるとき、それを聞いた生徒さんのひとりが「蝶の指輪を人差し指につけたい」と思いつき、ほかの生徒さんまで、蝶がモチーフの指輪を探して人差し指につけるようになりました。これがとても素敵なアイディアだったのです。

指輪は薬指や小指にはめるのが一般的ですよね。お店で指輪を選ぶときも、まずは薬指にはめてみるという人が多いと思います。

でも、人差し指の指輪もぜひ試してみてください。人差し指にはめて**指輪のデザインを相手に見せるようにして指を動かす**と、とても美しい所作ができるようになります。

指を美しく見せるためには、人差し指をリーダーに、残りの4本の指を添えて動かしていくのが基本です。指輪によってつねに人差し指を意識することで、自然と美しい所作が身についていきます。

実際に、人差し指に指輪をつけることで、人差し指がほかの4本の指より前に出るようになります。それだけで**手が立体的に見え、指も細く長く見える**のです。

美しい指先の動きの癖をつけるためにも、人差し指の指輪は有効です。いつもと違った指に指輪をつけるだけで、ちょっとした気分転換にもなりますよね。

もちろん、蝶ではなく自分の好きなデザインのもので大丈夫です。一説によれば、人差し指に指輪をつけると夢が叶うのだそうですよ。

手はどこに置いておく？

さまざまなシーンで、意外に困るのが、手の置き場所。

手は、意外と目立ちます。だからこそ、どこに置くか、どういった動きをするかによって、あなたの印象を大きく左右します。

まず、立っているとき。

立っているときは、自分の軸となる中央に重ねておきます。お腹のあたりか、もう少し下でもいいでしょう。そうすると、体全体がバランスよくまとまって見えます。だらんとまっすぐ伸ばしておくと、直線的なイメージになって、シルエットが美しくありません。

手は第二関節くらいで軽く重ねるようにすると、ふんわりやさしいイメージになります。指も美しく見えます。

次に、座っているとき。

人とテーブルで向き合って話をするときは、**ひじと手首の中間くらいのところを軽くテーブルの端に触れさせ、相手に手の甲を見せるようにして、両手を軽く重ねておきましょう。**そうすると、手持ち無沙汰になることなく、うまく収まります。

電車の座席など、テーブルのない場所で座るときは、ひざに近い太ももの上あたりに、両手を重ねて置きます。親指は中指にそわせて、指先は握り込まないようにふんわり伸ばします。

基本的には、**つねに自分の軸から半径30センチ以内のところに手を収める**ようにすると、全体のシルエットがまとまって、きれいに見えます。**手のひらは見せず、手の甲を見せる**ようにしましょう（手のひらを見せると、落ち着かないイメージを相手に与えてしまいます）。

バレエの世界では、足がリズムで、手がメロディー・表現といわれています。よろこびや慈《いつく》しみ、怒りや悲しみなど、自分の心は手の動きで表現していくわけです。私たちの日常でも、**手の動きには自分の心の状態が反映されて相手に伝わるもの**。それを知っておくと、無造作に手を扱えなくなりますよね。

また、話しているときに、話に合わせて手がリアクションをとってしまう人、いますよね。これはさほど問題ありません。程度にもよりますが、多少手のリアクションがあったほうが**一生懸命話している感じが相手に伝わりますし、話自体にも表情が出てきて、魅力的に感じます**。とっつきやすい、話しやすい人というイメージを与えることができますよね。

それよりも、まったく身じろぎもせず、固まっている状態のほうがよくありません。体が閉じたままでは相手に伝えようという意思が感じられませんから、いいたいことも伝わりにくくなります。直立不動で目も合わせないような人には、パーティなどでも話しかけづらいですよね。

ただし、手のリアクションも半径30センチくらいの小さめの円の中に収めておくときれいに見えます。あまりにもオーバーアクションになりすぎないよう、注意しましょう。

指先に神様が宿る

はるか昔から、多くの舞いや踊りでは、手を掲げる動作をすることで天や神様への敬意をあらわしていました。また、さまざまな宗教において、祈りのときには手を合わせたり、拍手をしたりします。

指先を大切にすることは、古代からさまざまな文化における習わしです。

美しい所作のために私が大切にしているのも、指先です。天から差し込む光が指先から入って全身をめぐっていく。いつもそんなイメージを持って生活しています。

私は「指先には神様が宿っている」と考えています。

この指を大切にして、きれいに動かしてあげたい。なぜなら、**幸運は指先から入ってくるから……**。

そう思ったら、指先を粗末に扱えなくなりますよね。

みなさんの指先にも、あなたのことを守ってくださる神様がかならず宿っています。ですから、指先を大切に、ていねいに動かしてあげてくださいね。

そう思うだけで、所作もとてもきれいになります。

〝第一関節〟を使えば、指先が輝きはじめる

何かを手にとるとき、簡単にしぐさが美しく見えるポイントがあります。

それは、**第一関節を使うこと**。

たとえば携帯電話やスマートフォンの画面を見るとき、みなさんはどんなふうに持っていますか？

みなさんのお手元に携帯電話やスマートフォンがあったら、実際に次の動作を試してみてください。

まず、何気なく手全体で握り込んで持ってみてください。

次に、それぞれの指の第一関節あたりだけを触れさせるように、支えるようにして持っ

てみてください。

いかがでしたか？

まったく印象が違いますよね。

このように、**何かを手にとるとき、第一関節あたりで支えて持つようにすると、それだけで女性らしく優雅に、美しく見えます。**もちろん、指先自体も美しく見えます。

食器、手帳、本、テレビなどのリモコン、受話器……。この第一関節を使う方法は、どんなものにも応用ができます。

オフィスなどで来客にお茶を出す、上司に書類を渡すときなどにも、ぜひ第一関節を使ってみてください。持っているものをていねいに扱っていることが相手に伝わりますし、同時に、**相手も自分がていねいに扱われていると感じるはずです。**あなたの心が宿るしぐさです。

第一関節で持てるものはできるだけ第一関節で、食器など少し重さのあるものは第二関節くらいで持つようにしましょう。**べったりと持たないこと、握り込まないことがポイントです。**ものに触れる面積が大きくなればなるほど、女性らしいしぐさから遠ざかってしまいます。

「第一関節で持つと安定しないのでは？」と思うかもしれませんが、逆なのです。第一関節を使うことで、意識してものを持つようになりますから、**末端まで神経が行き届くようになります**。

何も考えず、適当な気持ちでものを手にとると、指先まで神経が行き届きません。ですから、ものを落として壊してしまうようなミスが生まれやすくなります。

第一関節を使うことを習慣にしていると、指先にまで心が向きますから、音を立てる、落とす、こぼすということが、本当に少なくなります。

手間もお金もかかりませんし、いますぐにはじめられる方法です。ぜひみなさんも、今日から第一関節を駆使してみてください。

〝先端持ち〟でしぐさが美しくなる

ものを扱うときに、もうひとつポイントがあります。

それは、**〝先端〟を持つこと**。

たとえば、紅茶にお砂糖を入れて、ティースプーンでかき混ぜる。このとき、スプーンの根元を持たず、先端を持つようにしてみてください。

それだけで、とても洗練された美しいしぐさに見えます。

このとき、親指はティースプーンの下に隠し、人差し指をスッと伸ばして持つと、指先も細く長く、きれいに見えます。つねに手のひらは見せず、手の甲を見せるよう心がけましょう。

小さなバッグ、ティーカップ、扇子なども、先端を指先で持つようにするととてもエレガントです。

どんなものでも、真ん中のあたりを持つと、いかにも「持っています！」と主張してしまうのです。

先端持ちの癖をつけるだけで、とびきり美しいしぐさができるようになりますよ。

ぜひ、心に留めておいてくださいね。

運を呼び込む〝引き寄せ〟のしぐさ

たとえば食事中、「おしょうゆをとって」と頼まれたら、あなたはどんなふうにおしょうゆを相手に渡しますか？

何気なく右にあったものをそのまま左に持っていって渡す、というような方法をとる人が多いと思います。

これに、ほんの少しの動きをプラスすると、とても美しい所作になります。

それは、**いったん自分のほうに引き寄せること**。

自分の右にあるものを自分の左にいる人に渡したいなと思ったときに、右から左へそのまま移動して渡すのではなく、右にあるものをいったん自分のほうに引き寄せてから、左にいる相手に渡します。

自分のところを通過するときに、自分のほうへ引き寄せるようなイメージです。さらに、**片手でとったものなら、引き寄せたときにもう片方の手を添えて渡すとよりきれいです。**

これも、1、2、3のワルツのリズムを利用しましょう。

腕を、伸ばして、曲げて、伸ばす。そして、最後はかならず自分の軸に戻す。腕の曲げ伸ばしでは、意識してひじの関節を使います。

この動きの基本的な考えかたは、**伸ばしっぱなし、曲げっぱなしのまま動かさないということ**。何かひとつの動作をしたら、かならず自分のところに引き寄せることを癖にしてしまいましょう。

みなさんも、引き出しを開けたら、開けっ放しにはしませんよね。同じように、何かの動きをしたら、腕はいったんかならず引き寄せる。半径30センチくらいの自分のテリトリーの中に戻してから、次の動作をするのです。

いったん自分のほうへ引き寄せるだけで、とったものをていねいに扱っているというように感じますし、相手も自分自身がていねいに扱ってもらえたという印象を受けます。

お客様にお茶をお出しするときにも、お盆からそのままテーブルに置かず、いったん引き寄せてから「どうぞ」とお出ししてみましょう。

このしぐさは、お菓子を配るとき、書類を渡すときなど、さまざまなシーンで応用できると思います。

ほんのわずかな動きの差ですが、所作が非常にきれいに見えますし、相手に与える印象がまったく変わります。ぜひ、試してみてくださいね。

私のサロンの生徒さんのひとりが、レッスンで覚えたこのしぐさをとても気に入ってくださり、どんなときにもこれだけは忘れずに実行していたそうです。そして海外出張のときにこのしぐさをしたところ、外国人のお客様から「なんてエレガントなんだろう！」と、絶賛されたというのです。それだけでなく、どこに行ってもＶＩＰ待遇のように丁重な扱いを受けたそうです。これは、しぐさがもたらした素敵なマジックですよね。

ていねいに扱われたかったら、ていねいなしぐさを心がけることが大切です。それは、自分をていねいに扱うことでもあり、相手に敬意を表することでもあります。

人は人の所作を見て、扱いを決めるものです。自分を粗末に扱っていたら、人からも粗末に扱われてしまうのです。

急いでいるときこそ〝5秒のていねいさ〟

誰でも、これまでの人生の中で、転んだり、ケガをしたり、ミスをしたりしてしまったことがありますよね。

そのときの状況を思い出してみてください。ほとんどが、急いだり、あせったりして、落ち着きをなくしているときだったのではないでしょうか？

ドアをバタン！と閉めて指を挟んでしまったり、食器をガシャンと置いて割ってしまったり、電車に忘れ物をしてしまったり……。

食器を割るくらいならいいですが、急いだ結果として、大きな事故、大きなケガにつながってしまったら、取り返しがつきませんよね。たった数秒間を短縮しようとして、数カ月、数年、あるいは一生を台なしにしてしまうかもしれないのです。

動作が雑になってしまうのは、急いでいるときだけではありません。**心は、かならず動きにあらわれるものです。**誰しも、イライラしているときは乱暴な動きをしてしまいがちだし、穏やかな気持ちのときには、振るまいもやさしくなります。

つまり、日常の動きが心のありようを気づかせてくれるのです。

忙しいという字は、心を亡くすと書きますよね。ですから、私は「忙しい」という言葉は、使わないようにしています。「忙しい、忙しい」といって心を亡くしてしまうと、**目の前のことがおろそかになってしまう**からです。

ドアをバタン！と閉めてしまう人。音を立てて食器を扱ってしまう人。忘れ物が多い人……。忙しい毎日に、少し心が荒んでいませんか？　自分を見失っていませんか？

ものを雑に扱ったり、動きが大雑把になっていたりするのは、実は自分のことも大事に扱っていないということなのです。

たとえば、ドアに手がぶつかったり、椅子の角に足をぶつけたりするのも、自分自身を粗雑に扱っていたというサイン。心ここにあらずという状態が、体で示されるのです。

「最近忙しくて、心が荒んでいたかも」

「嫌なことがあって、自分を大切にしていなかったかも」

そういった心のシグナルを伝えてくれるのが、ちょっとした自分のしぐさなのです。

でも、誰だってそんなときはあります。決して自分をダメな人間だなんて思わないでくださいね。どんなときでも、**ていねいにひとつひとつの動作をこなしていくことで、心が落ち着いてくるはずです。**


ドアをていねいに閉める。食器を静かに置く。席を立つときに確認する。

これらのことは、5秒もかかりません。ほんの数秒のことです。

私はこれを**〝5秒のていねいさ〟**と呼んでいます。

ほんの数秒をかけて所作をていねいにすることで、あなたのしぐさは女性らしく、美しくなり、同時に**生活が整ってきます**。

そうすると、ミスやケガなどのトラブルをぐんと減らすことができます。

たった数秒のことをていねいにすることで、美しい所作ができるだけでなく、人生のリスクを大きく減らすことができるのです。

〝5秒のていねいさ〟を身につければ、急いでいても髪を振り乱すことはありません。

急いでいるときこそ、あわてず、ていねいに、優雅に振るまいましょう。

鼻呼吸で心が落ち着く

あせったり、急いだりしているときには、立ち止まって深呼吸をしてみましょう。目をつむって、口を閉じたまま、鼻からすーっと吸って、すーっと吐く。

これだけで、**あせっていた気持ちが消えて、心が落ち着き、我に返ることができます。**

鼻呼吸なら口を開けずに行えるので外からはわかりませんし、5～10秒程度で済みます。

急いでいたり、あせっていたりするときは、実はほとんど息をしていない状態ではないでしょうか？　ほとんど呼吸をせずに、自分を見失っているのです。

急いでいるときこそ、ひと呼吸して自分を取り戻しましょう。

舞台の上のバレリーナは優雅に見えますが、非常に激しい動きをしているため、絶え間なく鼻呼吸をしています。もちろん、口を開けてハアハアするのは美しくないというのも理由のひとつですが、呼吸で自分の心を落ち着かせるという意味もあります。

それから、体に乳酸をためないためにも、呼吸は大切です。

7秒以上息を止めて運動をすると、疲れのもとになる乳酸が出てくるそうです。体に乳酸をためると、お相撲さんやプロレスラーのようながっちり体型になりやすくなります。息を止めた無酸素運動をすることで、固い筋肉がつくられるわけです。

バレリーナのようにしなやかでやわらかい筋肉をつけるためにも、動きの中でできるだけ息を止めず、絶え間なく鼻呼吸をすることをおすすめします。

最近は、呼吸の浅い人が増えているといいます。パソコンなどに向かって仕事に集中しているときに、まともに呼吸できていない人も多いそうです。呼吸が浅いと、自律神経が乱れたり、イライラしやすくなったりなど、心と体の不調が出やすくなります。

やわらかな心と体をつくるために、〝急いでいるときこそ、鼻呼吸〟を忘れずに。

何事も、あせればあせるほど、まわりが見えなくなるものです。あせってキョロキョロしているときにかぎって、視野が狭くなってしまうのです。

そんなときこそ、一度立ち止まってすーっと鼻呼吸です。心が落ち着いて、冷静にまわりを見ることができます。

美しい食べかたは表情で決まる

デートや目上の方との会食、または記念日などにとっておきのレストランに出かけたときなど、自信を持って美しい食べかたができるようになりたいものですよね。

ナイフやフォークの使いかた、ナプキンやグラスの作法などはご存じの人が多いですし、マナー本などを見ればわかると思います。それよりも、**意外におろそかになっているのが、食べているときの表情や癖です。**

食事のしかたは長年の習慣の積み重ねですし、毎日のことですから、つい油断をしてしまうところでもあります。自分がどんな食べかたをしているのかを知らない人も、意外に多いのではないでしょうか。

美しい食べかたを身につけておけば、いざというときにも自信が持てます。

食事中の表情をきれいに見せるためには、３つのポイントがあります。

①ひと口で収まる量を口に入れること
②口を閉じて食べること
③奥歯を縦に動かして噛むこと

まず、口の中に食べ物が入っているときは、絶対に口を開かないこと。当たり前のように感じるかもしれませんが、おしゃべりに夢中になったりして、つい口を開けてしまう人は意外に多いものです。

食べながら口を開けないためにも、**ひと口で収まる量を口に入れる癖をつけておきましょう。**口に入れるのは、口を閉じても十分咀嚼《そしゃく》ができるくらいの量にします。

お料理をナイフで切るとき、スパゲティをフォークで丸めるときなどは、つねにひと口で入る量を考えながら。パンなどは小さくちぎって口に入れます。間違っても、口いっぱいに頬張るのはやめましょう。

口いっぱいに頬張ってしまうと、口を閉じて咀嚼しにくいですし、表情も大きく崩れてしまいます。また、咀嚼に時間がかかるため、食事中に話しかけられたときに間に合わず、食べ物を口に残したまま受け答えをするようなことになりかねません。**少しずつ口の中に運べば、急に話しかけられても飲み込んでから受け答えができますよね。**

食べるときは、誰でも咀嚼であごを動かさないわけにはいきません。そうすると表情が大きく崩れて、美しく見えないこともあります。

噛むときはゆっくりとていねいに、奥歯を縦に動かすようにすると、表情が崩れずきれいに見えます。歯を横に動かしてすりつぶすように噛むと、品のない表情に見えてしまいますし、歯のためにもよくありません。奥歯で縦にゆっくり、しっかり噛んで、食事を楽しみましょう。

やってはいけないことは、次の3つです。

❶くちゃくちゃと咀嚼音を立てる
❷前歯で小刻みに噛む

❸食べ物を舌でからめとる

食事中は、できるだけ音を立てないのが基本中の基本です。くちゃくちゃ、むしゃむしゃと咀嚼音を立てる人がいますが、これをやってしまうと絶世の美女や美男も台なし。１００年の恋さえ冷めてしまうことがあります。しかも、自分では案外気づいていない人も多いのです。食事中の咀嚼音は、１０７ページの①～③のポイントを守ることで軽減することができます。また、食事中は口呼吸ではなく鼻呼吸をすることで、くちゃくちゃ音を防ぐことができます。

前歯でちょこちょこ食べ物を噛むと、あわただしく食事をするハムスターのようですよね。しかも、くちびるがしぼんでしまって酸っぱい梅干しを食べたときのような表情になってしまい、美しくありません。**前歯で噛む癖のある人は、奥歯で噛むようにするだけでも食べているときの表情が一変します。**

それから意外に多いのが、舌を出して食べ物を迎えにいってしまう人。食べ物をこぼさないようにという気持ちからか、舌を伸ばして食べ物をすくったり、からめとったりしてしまうのです。これは他人から見てあまり心地よいものではありません。食べ物は、お箸やフォークで口の中まで運ぶよう心がけましょう。

もちろん、食事のときには美しい姿勢を保つことも忘れずに。前傾姿勢でお皿を抱え込むようにするのは絶対にやめましょう。

きれいな食べかたができているかどうかチェックするためにも、たまには**目の前に鏡をおいて食事をしてみることをおすすめします**。どのくらいの量なら口に収まるか、どうすれば咀嚼のときに表情がきれいに見えるかなどを研究しておくと、いざというときにもあわてずに済みます。

きれいな食べかたをする人とお食事をご一緒すると、こちらまでいい気分になったりしますよね。一緒に食事をする相手に心地よく感じてもらうためにも、美しい食べかたを身につけておきましょう。

美しく食事をすることができれば、あなたの評価はかならず上がります。

にこにこと微笑むような体をつくる

女性らしいやわらかな印象を相手に与えるためには、笑顔がとても重要ですよね。

顔だけでなく、体もにこやかに微笑んでいるような動きができたら、もっと素敵です。

やわらかく、微笑んでいるような体の印象をつくるために、ちょっとしたテクニックがあります。

それは、**自分の体のまわりに、〝ふわふわとしたやわらかな空気感〟をつくること**。

想像してみてください。

あなたは、雲のような、綿菓子のような、ふわふわとしたものに包まれています。あごの下、首筋、わきの下、背中のまわり……。あなたの体はいつも、ふんわりやわらかな空気をまとっています。あなたのまわりには、ぎゅーっと狭苦しく、堅苦しく感じるようなものは存在しません。

このように、つねに「やわらかなものに包まれている」というイメージを持つと、**自然としなやかでやわらかい動きができるようになります**。

体幹はぶれさせずに、わきやひじはゆるめ、力を入れすぎないのがポイントです。体のまわりに空気を含ませるように、わきやひじは閉じず、つねに空間をつくっておきます。

舞台の上のバレリーナの動きには、固さがまったくありません。ふわふわとした浮遊感のある、妖精のようなやわらかな動きをします。しなやかで、まさにやわらかなものに包まれているようなイメージです。

私は茶道もたしなみましたが、お茶の世界も同じです。お手前のときには、姿勢をよくして両わきに卵をひとつずつ挟んだくらいの空間を保ちます。そうすることで、立ち居振るまいがとても美しく見えるのです。

体に空気感をまとわせ、やわらかく、しなやかな雰囲気をつくるためには、〝ひじ〟の

動きがとても大切です。

ひじがガチガチになって腕やわきが体にくっついていると、動きが固くなります。さらに肩が前に出てしまって猫背になります。

動作をするときは、ひじをやわらかく動かすことがコツ。体の間にやわらかな綿菓子があるようなイメージで、ひじをふわふわと動かします。

ひじをやわらかく、なめらかに動かすことで、所作が美しくなり、体全体がやさしく微笑んでいるように見えます。

いいことずくめの「白鳥の舞」エクササイズ

やわらかなひじの動きをマスターするためのエクササイズをご紹介します。

まず、姿勢を正して立ち、両手を下ろします。

下ろした両手を、白鳥が羽ばたくように上げたり下ろしたりします。

白鳥の動きを表現するように、優雅に、ゆっくり、しなやかに動かしましょう。

大切なポイントは、かならずひじから上げて、ひじから下げること。そして、下げるときは背中の肩甲骨を寄せることです。手首や手のひらもなめらかに、軽やかに動かします。世界3大バレエのひとつ、『白鳥の湖』に登場するバレリーナのように、体で白鳥を表現してみましょう。

慣れてきたらだんだん両手を斜め後ろのほうへ。腕を下げたときに手首と手首を近づけるようにしてみましょう。白鳥のように背中に羽が生えているようなイメージで、肩甲骨を意識しながらゆっくり動かしましょう。

私はこれを「白鳥の舞」エクササイズと名づけています。

このエクササイズで、やわらかなひじの動きが身につきます。

そのほかにも、うれしい効果がたくさんあります。

ひじから上げるときに腕の内側の筋肉を使うので、二の腕が細くなります。脊柱起立筋をダイレクトに刺激していきますから、背中の贅肉をとって、研ぎ澄まされたきれいなボディがつくれます。体もストレッチされて気持ちがいいですし、開かれたデコルテをつくるためにも効果的です。

いつでも、どこでも、誰でも簡単にできて、さまざまな効果のあるエクササイズです。ぜひ、毎日の習慣にしてみてくださいね。

第3章

あいて

心をつかむ人づきあいの作法

美しい言葉を伝えるための5つの心得

私は、〝言葉は音楽である〟と考えています。

ですから話をするときには、**できるだけ美しい言葉を使って、心地よい音色を相手に届けるよう心がけています。**

言葉は毎日使うものです。家族、友人、恋人、同僚などと、みなさんも毎日、たくさんの言葉を交わしていると思います。

話す言葉によって、その人の印象は大きく変わります。

女性を美しく見せてくれるものはたくさんありますが、話す言葉はその中でも非常に重要です。美しい言葉を心がけるだけで、あなたの魅力はぐんとアップするはずです。

逆にいえば、どんなに外見を美しく装っても、残念な話しかたをしただけで、あなたの魅力は半減してしまうかもしれません。

でも、いきなり話しかたをガラリと変えるのも難しいものですよね。「きれいに話したいけれど、何からはじめたらいいんだろう？」と考えている人も多いと思います。

ここでは、誰でも今日から実践できる、5つのポイントをご紹介します。

この5つを実践するだけで、あなたの言葉の印象は大きく変わります。

中には「自分の声に自信がない」という人もいるかもしれませんが、声質はさほど関係ありません。美しい話しかたが、あなたをいまよりもっと、エレガントに輝かせてくれるのです。

①母音をはっきりと話すこと

日本は欧米とくらべて、口をあまり動かさずに話す人がとても多く見られます。

もともと日本語は、あまり口を動かさなくても話せてしまう言語なのです。

だからといって、あまり口を動かさないで話すと、あいまいで相手にとって聞きとりづらいもの。しかも、口を動かさないでいると、だんだん無表情になってしまいます。たとえば英語は口を大きく開けて話す発音なので、自然と表情が豊かになります。外国の方から見ると、日本人はうれしいのか悲しいのか、感情がよくわからないそうです。

言葉を発するということは、相手に自分の意志を伝えることが目的です。はっきりとわかりやすい言葉を話すことで、相手は自分の話により興味を持ち、話を聞いてくれるようになるのです。

ですから、相手に自分の言葉を届けるつもりで、母音を意識して大きく口を動かして話すようにしましょう。そうすると口元に表情が出て、笑顔も素敵になります。

②口を縦に開くこと

言葉を発するときは、できるだけ口を縦に開くようにしましょう。

声楽やボイストレーニングなどでは、口を縦に開くことが大切なポイントです。口を縦に開くことでのども開くため、声の通りがよくなり、立体的な深みのある声を出せるようになります。

同時に、話すときは口角を意識してよく動かすように、口は左右対称に動かすよう心がけます。

③ていねいに、ゆっくりと話すこと

話に夢中になると、つい早口になってしまう人は多いものですよね。

もちろん、ときにはスピーディーな会話を楽しむこともあるでしょう。でも、あまり早口で話すと、相手は言葉を聞きとりにくくなります。息をつく間もないほどのマシンガントークも、美しい響きとはいえませんよね。

それに、早口の人は思いついたことを間髪入れずに話してしまうため、いい間違いや失言も多くなります。**ゆっくりと話す癖をつけると、頭の中で話を整理したり、ていねいな言葉に置き換えてから言葉を発することができます。**

また、怒っているときや興奮しているときは、つい早口になってしまいますよね。ということは、とくに怒っていなくても、早口で話すだけで相手にプレッシャーや不快感を与えてしまう可能性があるということ。ゆっくりと話したほうが、相手に安心感を与えられます。

ひと言ひと言、ていねいに、ゆっくりと話すことで、短い言葉でも重みが出ますし、自

分の気持ちが相手に伝わりやすくなります。

早口気味の人は「こんなにゆっくり話していいのかな?」と感じるくらいがちょうどいいのです。

④語尾を伸ばさないこと

言葉の語尾を絶対に伸ばさないでください。

- 「やっぱ〜」ではなく、「やはり」。
- 「それでさぁ〜」ではなく、「それでね」。
- 「○○だしぃ〜」ではなく、「○○なので」。
- 「○○だよぉ〜」ではなく、「○○なのよ」。
- 「○○ですぅ〜」ではなく、「○○です」。

このように、語尾を伸ばす話しかたを、**語尾を止める**話しかたに変えるだけで、相手に「美しい言葉を話す人だな」という印象を与えます。

日本語はとくに、発音が平たく聞こえてしまう言語です。語尾を伸ばす発音をしていると、よけいに平たく、子どもっぽい印象を相手に与えます。たとえていねいな言葉を使っていても、語尾を伸ばす話しかたをするだけで、なんとなくだらしない印象を相手に与えてしまうものです。

語尾を伸ばしてしまう癖のある人が、この〝語尾を伸ばさないこと〟を心がけるだけで、まったく別人のような大人の女性の話しかたに聞こえます。

⑤言葉の幕引きを意識すること

言葉を発したあとは、口をきちんと閉じましょう。

引き出しやお財布の口は、開けたら閉めますよね。それと同じように、口も開いたら開きっぱなしにしないこと。開いた口はかならず閉じるようにしましょう。

語尾を伸ばす話しかたをしていると、言葉を発したあとは口が横に広がって、閉じていません。

開いた口はかならず閉じること。閉じるときにはくちびるをスッと真ん中に集めてしまうようなイメージです。

言葉は音楽のようなものですから、つねに響きを大切にするよう心がけましょう。相手の耳に心地よく感じるよう、言葉はふんわり終える。余韻を残しながら静かに引いていくようなイメージです。そうすると、品のよい、深いひびきの声を出せるようになります。

そして閉じた口は、絶対にゆがませないこと。くちびるの中央から両端の口角が同じ長さになっていること。これだけでも、とても上品に見えます。

間違いなく、美しい話しかたは、あなたの人生の大きな武器になります。

就職の面接や目上の人と同席するときなどの大事な場面では、美しい話しかたができるだけであなたの評価は大きくアップします。

なめらかに話すための実践レッスン

ではここで、口をなめらかに動かすための練習をしましょう。
次の文を読んで、発声練習をしてみてください。
姿勢をよくして、胸を張ってデコルテを開くようにすると、声が出やすくなります。

あえいうえおあお　おあおえういえあ
かけきくけこかこ　こかこけくきけか
させしすせそさそ　そさそせすしせさ
たてちつてとたと　とたとてつちてた
なねにぬねのなの　のなのねぬにねな

はへひふへほはほ　ほはほへふひへは
まめみむめもまも　もまもめむみめま
やえいゆえよやよ　よやよえゆいえや
られりるれろらろ　ろらろれるりれら
わえいうえをわを　をわをえういえわ

最初はゆっくり、慣れてきたらだんだん速くしていきましょう。

いかがでしたか？　つっかえずに、うまくいえたでしょうか？

実際に口に出してみると、自分に得意な発音と不得意な発音があることに気づいたのではないでしょうか？　いいにくい行があれば、何度も練習してみてください。

できれば1日1回、口を大きく開きながら発声してみてくださいね。

大切な人と会う前日、ミーティングやプレゼンテーションの前の晩などに練習しておくと、なめらかな発声ができるようになります。

話すことに苦手意識がある人、人前で話すと緊張してしまう人にも、とても効果的なレッスンです。

美しい言葉を選ぶ

同じ意味であれば、言葉はできるだけ美しいもの、ていねいなもの、響きのよいものを選びましょう。

なぜなら、あなたの発する言葉をあなたの脳が聞いているから。

言葉は人の耳にも、自分の耳にも入るもの。品のない言葉、粗野な言葉を使えば、他人はもちろん、あなたの脳や細胞のひとつひとつがその言葉を受け止めてしまいます。そうすると、心がぎすぎすして、荒んでしまうのです。

日々どんな言葉を発して生きているかは、とても大切です。美しい言葉を使うことで、あなたの心や感性はかならず磨かれます。言葉は音楽ですから、自分が奏でる響きを大切にしてください。

美しさは伝染するものですから、あなたが美しい言葉を選べば、まわりの人も「いいな」と感じて、同じような言葉を使うようになります。そうやって美しい言葉が広まって、まわりの人の心や感性も磨かれていったら、素敵ですね。

いくつかあげてみましょう。

・「食べる?」→「召し上がりますか?」
・「これ、どう?」→「これはいかがですか?」
・「もらいます」「食べます」→「いただきます」
・「見ます」→「拝見します」
・「○○さんの旦那さん」→「○○さんのご主人様」
・「○○さんの娘さん」→「○○さんのお嬢様」

もちろん、お友だち同士の会話などフランクにしたいときもありますから、TPOにあわせた口調も大切です。でも、ご主人様や恋人に「これ、召し上がる?」などと話しかければ、きっとあなたはとても大切にされるはずです。

男性は、女性の話しかたや言葉づかいに敏感です。

男性が「いいな」と惹かれるのは、しぐさと同様、言葉のきれいな女性です。それに、**美しい言葉を使うだけで、無意識のうちに所作も美しくなるものです。**

ここにあげた言葉だけでなく、誰かが話している言葉で「いいな」と思うものがあったら、手帳などにメモしておきましょう。また、目上の人や年配の人などに「こういうときはどんな言葉を使うべきですか？」と積極的にうかがいましょう。そして、機会があれば自分でもどんどん使うようにしましょう。あなただけの言葉の変換リストができれば、大切な美の財産になりますよ。

そしてもうひとつ、私が気をつけているのは、言葉を省略しすぎないこと。最近はなんでも言葉を短縮してしまう風潮がありますが、言葉を軽々しく扱っているように感じられます。

・携帯→携帯電話
・スマホ→スマートフォン

・コンビニ↓コンビニエンスストア
・スーパー↓スーパーマーケット
・ファミレス↓ファミリーレストラン
・バイト↓アルバイト
・デジカメ↓デジタルカメラ

このように、できるだけ省略せず、言葉の正しい名称を意識することで、自然とはっきり発音ができるようになり、言葉をていねいに扱えるようになります。

話しかたであなたの顔が変化する

美しい表情のために大切なのは、口元です。

「美人は口元でつくられる」というくらい、口元は大切です。

そして、美しい口元を育てるために大切なのは、話しかたです。

実は、**年齢を重ねるごとに、話し言葉が表情にあらわれるようになります**。言葉を発するときには、口元の筋肉が動きますよね。ですから毎日どんなふうに口を動かしているかによって、顔が変わってしまうのです。

美しい口元のためにできるだけ避けたいのが、語尾を伸ばすこと。

語尾を伸ばすと、くちびるが横に広がって、ゆがんでしまいます。毎日そういった話しかたをしていると、口がゆるんで、口角が下がって、だんだん顔全体もゆがんでしまうのです。

試しに、「えーっ！」といって、嫌そうな表情をしてみてください。口角が下がって、口が横に広がって、ゆがんでしまっていませんか？　こういう言葉を頻繁に発していると、口のまわりの筋肉や細胞がその形を覚えてしまうのです。

もともと整った顔立ちをしている人でも、何十年もそういった話しかたをしていると、顔が変わってきてしまいます。ふだんの話しかたが、10年後、20年後のあなたの顔を変えてしまうのです。

きれいな発音でわかりやすく、美しい言葉を話すことで、いつのまにか口元が整って美人度が上がります。口元からはじまって、顔の筋肉や首筋などにも美しさが伝染していくのです。

この章のはじめで紹介した5つのポイントを心がけるだけでも、上品で美しい口元になっていきます。

おさらいしましょう。

①母音をはっきりと話すこと
②口を縦に開くこと
③ていねいに、ゆっくりと話すこと
④語尾を伸ばさないこと
⑤言葉の幕引きを意識すること

テレビでニュース番組を見るとき、女性アナウンサーの口元に注目してみてください。彼女たちは正しい発音で美しい言葉を話す訓練をしていますから、自然と口元が美しく整っています。

10年後、20年後のことを考えたら、付け焼き刃ではだめ。いざというときだけきれいな言葉で話そうとしても、いつも「でさぁ〜」という話しかたをしていると、それが顔つきにあらわれてしまうのです。

美しい表情のためには、口角がきゅっと上がっていることもポイントですよね。

もともと口角が上がっている人、下がっている人はいます。でも、顔というのは、年輪を刻むようにだんだんつくられていくものです。毎日口角を上げるようにしていれば、その筋肉が鍛えられて、自然と口角が上がった表情になります。

ですから、**いつもにこにこと微笑んでいるだけでも、日々あなたは美しくなっていきます**。よく雑誌などで口角を上げるエクササイズというものがありますが、美しい微笑みが、エクササイズがわりになるのです。逆に、いつも不平不満を心にためていると、いつのまにかへの字口になってしまいます。

口角を上げて美しい笑顔をつくるために、口の形は二等辺三角形になるようにします。**上の歯の先端を下唇に軽く触れさせ、口角をキュッと上げてみてください。**顔全体が上に引き上がり、引き締まります。いつもあなたのいちばんきれいな笑顔を見せられるよう、鏡の前で練習してみましょう。

美しい話しかたや表情は、相手にいい印象を与えるだけでなく、将来のあなたを美しくするためにも、とても大切なことです。

目線はまぶたで表現する

人と向かい合ったとき、目線はとても大事です。目線をどう向けるかによって、あなたの印象は大きく変わります。

いちばん大切なのは、**できるだけ下を向かないこと**。

日本人にとても多いのが、下向きの目線です。歩くときも下のほうを向いている人がとても多いのです。

下を向くだけで、自信のない、消極的な印象を相手に与えてしまいがちです。

それに、下を向いている人に対しては、話しかけづらく感じますよね。自分の顔を隠してしまうと、閉じた印象になって、コミュニケーションを拒否しているようなイメージを与えてしまいます。**「この人と話してみたいな」という印象を与える人は、かならず目線**

が上を向いています。

バレエの舞台では言葉を発しませんから、体や表情ですべてを表現します。でも、基本的には絶対に下を向きません。悲しみの表情は、顔を起こしたままでまぶたで表現します。下を向くのは、乞食の役をするときだけ。下を向くことがどれほどネガティブなイメージを与えるかが、わかると思います。

ですから、相手と向き合うときは、まずまっすぐ相手のほうを向いて、相手の目を見て、オープンな印象を与えることが大切です。間違っても、顔をそむけてぼーっとしたり、下を向いて頭のてっぺんを相手に見せたりすることのないように。つねに目線は相手のほうに向けておきましょう。

ただし、会議や打ち合わせなどで、メモをとったり、パソコンを開いたり、資料を確認したりなど、どうしても下を見て作業をしなければいけないときもありますよね。そういうときはテクニックがあります。

下を見なければならないときは、〝まぶた〟を動かして目線だけ下げること。

通常、下を向いて何かをしようとすると、つい頭を下げてしまいますよね。ひどいときは、さらに背中を丸めてしまったり。これではあまり印象がよくありません。

ですから、下を向くときはきれいな姿勢のまま、頭を動かさずに、体は相手に向けたまま、まぶたで目線を下げるようにしましょう。

目線を変えるときに、頭を動かすのではなく、まぶたを使うのです。日常的にまぶたを使っていると、表情自体もとても豊かになります。

背筋を伸ばして、顔を上げたまま、目線のみを落として美しい所作でメモをとれば、それだけで「この人は仕事ができる！」という印象を持たれます。

それに、頭から下を向くと目の前の資料やノートしか見えなくなってしまいます。商談などでは、相手の表情を読んだり、まわりに気を配ったりすることも大切です。つねに視野を広くして、状況を確認するためにも、下を見るときは頭を起こしたまま、まぶたを使って目線を下げるよう、心がけてみてください。

また、日本人は相手にじっと見つめられたり、視線を合わせたりするのが苦手、という人も多いですよね。

「この人は見つめられるのが苦手だな」と感じたら、**時折視線を外してあげると、相手の心にインターバルができて、余裕を与えることができます。**このときも絶対に下を向かず、ななめ上くらいに外します。目線を下に外すと、ネガティブなことを考えているというイメージを相手に与えてしまうのです。

相手の目をしっかり見るのも大切ですが、ときにはあえて、目線を外す。これも大切なコミュニケーションだと思います。

もうひとつ、目線で気をつけたいのは、できるだけキョロキョロしないこと。キョロキョロしていると、落ち着きがなく、挙動不審な様子に見えてしまいます。

目線はしっかり定めて、ゆっくり動かすこと。これだけで自分の心も落ち着きますし、まわりの状況をしっかり確かめることができます。

相手の心に響くお辞儀と相づち

ビジネスマンが、取引先の方に深々とお辞儀をする光景をよく見かけます。

でも、腰を90度近く折って、頭のてっぺんが見えるほど深いお辞儀をされても、なぜかあまり誠意が感じられない場合って、ありませんか?

その理由は、スピードが速すぎるから、なのです。

お辞儀は、角度よりもスピードが大事です。

どんなに深くお辞儀をしても、おざなりなやりかたで相手の目を見もしないのでは、相手の心には響きません。

2章でお伝えしたように、お辞儀や会釈にもワルツのリズムを使いましょう。
1、2、3でゆっくり上半身を傾け、1、2、3でゆっくり体を戻す。

傾けるときはゆっくりでも、体を戻すときにスッと戻してしまう人がいますが、これはNG。行きと帰りの速度を同じくらいにするのがポイントです。

このとき、顔は相手に向けて微笑んだまま。お辞儀と一緒に心もちまぶたを下げます。謝罪でもないかぎり、深々と90度のお辞儀をすることはありません。そもそも、深すぎるお辞儀はあまり美しい所作とはいえません。

角度は30度くらいでも、**ゆっくりと行うことで、とても優雅でていねいなお辞儀だという印象を相手に与えることができます。**

これは相づちを打つときも同じです。

よく、「うんうん」という感じの速い相づちを打つ人や、やたら首を振る人がいますが、これは相手を急《せ》かしているような、落ち着きのないイメージを与えてしまいます。

とくにクレームを受けているようなとき、うんうんと相づちを打ち、目をキョロキョロさせ、挙げ句の果てに下を向いてしまったら、相手の方は馬鹿にされているのかと激怒してしまうかもしれません。

うなずくときにも、お辞儀と同じように1、2、3、1、2、3くらいのリズムで行いましょう。

そうすると相手は**「自分の話をしっかり聞いてくれている」「自分の話を深く理解してくれている」**と感じます。大切な商談や、この場を落ち着かせたいというときに使えるテクニックです。

お辞儀や相づちひとつで、マイナスのクレームもいい商談に発展するかもしれません。

このように、話しかたはもちろん、目線や所作であなたの印象は１８０度変わります。

ちょっとしたテクニックを身につけておくだけで、いざというときに絶大な効果を発揮してくれます。

初対面の人と簡単に打ち解ける方法

初対面の人と、簡単に打ち解ける方法があります。

ポイントは、デコルテ（胸元）。

会話をするときは、デコルテがどこを向いているかがとても大切です。

顔だけ相手のほうを向いて話をしても、なかなか心の距離は縮まりません。でも、顔と一緒にデコルテも相手に向けると、あなたの印象がまったく変わります。

1章でもお伝えしたように、中世ヨーロッパの貴婦人たちは舞踏会において、デコルテで社交をしていました。デコルテを開いて、「あなたとコミュニケーションがとりたい」というメッセージを伝えたのです。肩を前に出してデコルテを閉じ、デコルテの方向を逸《そ》らせば、あなたとは会話したくないという拒絶のメッセージになってしまいます。

人に接するときは、「自分のことを気にかけてくれている」「自分に関心を持ってくれている」という印象を相手に与えることがとても大切です。

顔だけでなく、デコルテを一緒に向けることで、自分に心を開いていると相手に感じさせることができます。デコルテに目があるようなつもりで、デコルテを開いて相手のほうに向け、話しかけてみましょう。

実際に試してみるとわかりますが、首をひねって相手に顔だけ向けるのと、ウエストを少しひねってデコルテも一緒に向けるのでは、まったく印象が違います。

とくに初対面は、お互いに相手との心の距離がある状態ですよね。そんなとき、デコルテを向けて話をすることで、無意識ですが相手との距離がぐっと縮まります。デコルテを向けるだけで、相手に潜在的に働きかけることができるわけです。

話しかけるときは、デコルテとびきりの笑顔を相手に向けること。これなら、初対面の相手も怖くありません。

この「顔だけでなく、デコルテを向ける」というコツを知っておくだけで、会話がはずんだり、相手に好意を持ってもらえたりなど、よりよいコミュニケーションが生まれやすくなります。

会話がはずむ魔法の法則

ちょっとしたパーティや懇親会などで、知らない人と話す機会がありますよね。

話してみたいと思う人がいたら、自分から話しかけるのがコツです。

とはいえ、相手がどこの誰かもわからず、共通点もないのでは、なかなか話しかけにくいもの。「こんにちは、はじめまして」の次に、何を話したらいいのか迷ってしまいます。

そんなとき、私は相手に敬意をあらわすという意味を込めて、相手の美点を話題に出すことにしています。

ヘアスタイル、洋服、アクセサリーなど、誰にでも素敵なところはあります。そういった相手の美点を会話のきっかけにするのです。

相手の美点を話題に出すというのは、要はほめること。ほめられて嫌な気持ちになる人はいませんよね。

「こんにちは、はじめまして」の次に、「襟元のブローチ、とても素敵ですね」などと話しかければ、「まあうれしい。こういうのお好きなの？」という会話が自然にはじまります。この方法なら知らない人同士でも会話が成り立ちますから、どんな人にも話しかけられます。

最初に相手の美点を話題に出したら、自分の気持ちも少し付け加えることがコツです。「ネクタイのお色がとても素敵ですね。私はこの色がとても好きなんです」「背筋が伸びていて素敵ですね。私もぜひ見習いたいです」など。

会話というのは、本来相手の話と自分の話が半分半分くらいになるのが理想です。聞き上手になろうとして相手の話ばかり聞こうとする人もいますが、相手の話を聞くばかりでは一方通行になりますし、初対面の人に根掘り葉掘り質問をすると、相手の気分を害することもあります。もちろん自分の話ばかりするのもよくありませんよね。

基本は相手の話を聞きながら、会話の中で自分のことを話したり、時折自分の気持ちを差し挟んだりするのがよいでしょう。そうすれば**自然と共感が生まれますから、相手もきっと心を開いてくれます。**

話しかけるときは、かならず相手の美点を見つけること。会話がうまくはじまったら、好きな食べ物、好きな色、趣味といった差しさわりのないことにつなげていくといいでしょう。家族の話題や経歴などプライベートな部分はあまり聞かれたくないという人もいますが、好きな食べ物、好きな色といったことなら、嫌がる人はいませんよね。それに、好きな食べ物や好きな色がわかれば、相手の好みがわかります。贈り物をするときなど、その情報が役立ちます。

天候を話題に出す場合もありますが、**天候にはパーソナリティがまったくありませんから、会話が続きません**。会話をはずませたいなら、プライバシーに踏み込みすぎない程度に、その人のパーソナリティに関係する話題がおすすめです。

まずは相手に敬意をあらわして、相手のことを気にかけ、相手の美点を話題に出す。そして、自分のことを少し話しながら、また相手の話を聞く。そこから趣味や仕事に話が広がっていく……。そうするといつのまにか会話がはずみ、その後のおつきあいもうまくいくケースがとても多いものです。

私はこれまでずっとこういう話しかけかたをしてきましたが、結果的にたくさんのいいおつきあいに恵まれています。

ほめ上手な人ほど、自分の美点を知っている

初対面にかぎらず、うまく会話をするためには、相手のいいところを見つけることがコツです。

でも「人の長所がうまく見つけられない」という人も多いのではないでしょうか。

ほめ言葉は、諸刃《もろは》の剣《つるぎ》です。心からのほめ言葉なら相手はよろこんでくれますが、お世辞やごますりだと思われれば、相手の気分を害することもあります。

心からのほめ言葉ならかならず相手に伝わりますが、そこに偽りの気持ちがあれば、相手の心には届きません。

相手のことを心からほめるためには、まずは自分のことをよく知ること。そして、自分の心を豊かに、満たされた状態にしておくことが大切です。

なぜなら、自分のことがいいと思えなければ、相手のこともいいと思えないからです。自己否定感が強い人は、人の長所を素直に認められないのです。

相手のほめポイントを見つけるためには、まずは**自分のほめられポイントを知って、自信を持つ**ことが大切です。

相手と自分をくらべようとすれば、相手の本当の美点は見つけられません。相手は相手、自分は自分と考えて、比較が無意味だということがわかると、自然に相手の美点が目に飛び込んでくるようになります。

1章でお伝えしたように、自分のことを100パーツくらいに分けて観察すると、かならずいいところが見つかります。自分を客観的に見る癖をつけておくと、相手のことも瞬時に100パーツに分けて、いいところを見つけられるようになります。

それに、自分でもほめられポイントをアピールできれば、相手もポジティブな話題を選びやすくなりますよね。お互いの美点を話題に出せば、会話もはずんでおつきあいもうまくいきます。

ほめ上手とは、ごまをすることでも、お世辞をいったりすることでもありません。他人のいいところを見つけるのが上手な人のことをいうのです。

そのためには、**まず自分の美点を知って、磨くこと。そしてアピールすること。さらに、自分の心を幸せな気持ちで満たしておくこと。**それがほめ上手になる第一歩だと思います。

そうすると、相手の「そこをほめられるととてもうれしい」というツボがわかるようになります。

私はいかなるときも、相手、自分、そしてその場にいるすべての人にとって心地よい状態をつくっていくことを心がけています。誰に対しても、その気持ちは変わりません。そうすると、**いつのまにかいろいろなことがうまくいく**と考えています。

その場の雰囲気を心地よいものにするためにも、「いいな」と思ったこと、ポジティブな言葉はどんどん伝えていったほうがいいですよね。心の中で思っても、言葉にしなければ自分の中だけで終わってしまいます。

「今日のお洋服、とても素敵ですね」「今日は○○さんのおかげで、本当に楽しかったです」など、いいことは素直に、どんどん伝えるようにしましょう。

余談になりますが、男性は女性以上に、外見をほめられるとよろこぶものです。男性は仕事や成果をほめられることは多くても、外見をほめられることは少ないからなのかもしれません。人はいつもほめられ慣れていないところをほめられると、よけいにうれしく感じるのです。

ですから男性に対して「眉毛がきりっとして凛々しいですね」「センスのいいネクタイですね」「声が素敵ですね」など、外側のディテールをほめるととてもよろこばれます。

以前、私がある男性の外見をほめたことがあります。その方はもともと女性をほめるようなタイプではなかったのですが、それ以来女性をほめるのが上手になって、とてもモテるようになったそうです。きっとほめられることのよろこびを知って、相手にも伝えたくなったのでしょう。

けんかの極意

いいことでも悪いことでも、自分のしたことは、かならず自分に返ってくるものです。

人とのコミュニケーションも同じです。コミュニケーションは一方的なものではなく、つねに循環していくものです。

私がコミュニケーションで絶対にしないよう心がけているのは、相手を責めること。

相手を責めれば、かならず槍となって返ってきます。

もちろん、人間ですから相手と意見があわないことも、嫌だなと感じることもあるでしょう。そういうときはつい、「あなたが○○だから」「あなたが○○したから」「あなたのせいで」と、相手を主語にして責めてしまいがち。そうなれば、相手も同じような気持ちになってあなたを責めてきます。そしてそこには、敵意が生まれてしまいます。

ですから、**そういうときは、自分を主語にしてみること**。相手軸ではなく、自分軸に置き換えてみるわけです。

なぜ自分は相手と意見があわないのか、なぜ自分は嫌な気持ちになったのかを考えて、素早く簡単な分析をしてみるのです。これは自分で自分の感情をコントロールできるようになるための心のテクニックです。

「そういえば過去にもこういうことがあったっけ。自分はこういうことが苦手なんだな。こういう状況になると、自分は嫌な気持ちになるんだな」とわかれば、相手へ向ける言葉も変わってきます。素直に「以前悲しいことがあったときと同じ気持ちになったから、こういうことは苦手みたい」と相手に伝えればいいのです。そうすれば、相手も「そうだったのか」とこちらの気持ちを理解してくれます。

相手に改めてほしいところがあるときも、「あなたのここがよくない」ではなく、「こうしてくれたら私はうれしい」と**自分軸に置き換えて伝える**のがポイントです。自分軸で考えることは、一見自己中心的のように思えるかもしれませんが、そのほうが相手も敵意を持たずに素直に聞いてくれるものです。

コミュニケーションにも、作用反作用があります。いたずらに相手を責めれば、相手もこちらを責めてきます。相手に素直に気持ちを伝えれば、相手も同じように心を開いてくれるものです。

いがみあったり、非難しあったり、悪口をいいあったりしても、心地よくありませんよね。私はけんかをするなら、発展的なけんかをしたいと思っています。**自分の気持ちを相手に伝えることで、お互いへの理解が深まるようなけんかなら、たまにはいいもの**ですよね。

メールでは心地よい言葉を伝える

自分軸の言葉を相手に伝えるという意味で、ちょっとしたメールのテクニックがあります。

メールの中に私がかならず入れているのは「お会いできてうれしかったです」「先日は楽しかったですね」という**自分の気持ちをあらわす言葉**。うれしかった、楽しかった、助かったなど、ポジティブな感情が生まれたなら、相手に自分の気持ちを素直にあらわすようにしています。これらの言葉で嫌な気持ちになる人は、おそらくいないと思います。

たとえビジネスメールであっても、ビジネスライクで無味乾燥な文章よりも、多少感情を出したほうが人間味が生まれます。

無味乾燥なメールのAさんと、心地よい言葉を投げかけてくれるBさん。どちらとおつきあいしたいですかと問われたら、Bさんなのではないでしょうか？

また、依頼をするときは「○○してください」「○○を持ってきてください」ではなく、「○○してくださったら大変うれしいです」「○○をお持ちいただけるととても助かります」とします。相手がいかに納得して、気持ちよく引き受けてくれるかがポイントです。

お礼の言葉も「お疲れ様でした。ありがとう」だけでなく、「あなたがいてくださって本当に助かりました」と自分の気持ちをプラスすれば、感謝の心がより伝わりやすくなりますよね。

また、「今日は桜の花がきれいでしたね」「今日は金木犀《きんもくせい》のいい香りがしていました」などのひと言だけでも、相手の心が和みます。**自分の好きな春夏秋冬の花を知っておくと、メールにも活用できます。**

自分自身がいわれてうれしい言葉は、相手にもどんどん投げかけましょう。それがお互いに心地よい関係を築くためのコミュニケーションになります。

自然に人を動かすコツ

人の心を動かしたい、人の行動を変えたい、と思ったことはありますか？

誰だって、つい他人に対してこうしてほしい、ああしてほしいと考えてしまうものですよね。好きな人や家族なら、なおさらです。

人の心を動かすためには、口も出さず、手も出さず、何もせずに放っておくのがいちばんです。

「放っておけばいいなんてありえない。いったいどうするの？」と思いますよね。

あるエピソードをご紹介しましょう。

次章で少しくわしくご紹介しますが、私は香りというものをとても大切にしています。

日本初のフレグランス・スクールの創立に携わり、フレグランス・コーディネーターの資格をとって、同校表参道本部校の校長を13年間務めた経験もあります。

そんなふうに、もともと自分自身が香りに非常に興味があったものですから、主人にも香水を楽しんでほしいな、とつねづね思っていました。でも、ほとんどの日本人男性は香りに無頓着。主人も香水などいっさいつけたことがなく、まさか男が香水なんて、と考えるような人でした。

でも、誰だって「あなたにはきっとこの香りが似合うから、この香水をつけてみて」なんて人から押しつけられても、心から香水を好きになりはしません。

私は主人に香りのおしゃれを楽しんでもらえるよう、ひとつの策を練りました。

まずは、香水瓶を玄関に並べてみました。香水瓶は美しいデザインのものが多いですから、ちょっとしたインテリアにもなりますよね。そういう意味で、私の女性用の香水瓶と一緒に、男性用のものもいくつか用意して並べておいたのです。

玄関に香水を置いておけば、出かけるときにパッとつけることができますし、置いておくだけでほんのり香りが立って、玄関の匂いを消してくれます。一石二鳥、いえ、一石三鳥なのです。

それが第1段階。**ただ、見せるだけ**です。人間は五感というすばらしいセンサーを持っていますから、毎日美しい香水瓶が視界に入るだけで、興味を持ちはじめるようになります。主人も、視覚から入ったようです。毎日美しい香水瓶を視界に入れていた主人は、ある日じっと見るようになったのです。これが第2段階です。

さらに、香水瓶を手にとってみるようになったのです。これが第3段階。

そのうち空気中にシュッと飛ばして香りを試してみるようになり、ほんの少しだけ手首の内側につけるようになったのです。ここまでいけば、しめたものですよね。

主人が実際に自分から香水をつけてくれるまで、私は何もいわなかったのですが、**そのときはじめて、さりげなくほめてみたのです。**「あら、すごくいい香りがする」って。

もともと「男性が香水なんて」と考えていた主人ですが、いまでは香水なしで外出できないというまでに変わってしまいました。

ある日一緒に外出しようとしたら、玄関を出て50メートルくらい歩いてから「忘れ物をした！」と血相を変えて戻った主人。いったい何かと思ったら、「香水をつけるのを忘れたんだ」ですって。いまでは二人で香水を楽しめるようになりました。

主人も、きっと新しい自分を発見するまでには、葛藤があったと思います。でも、自分自身が五感で選んだ結果だからこそ、習慣になったのです。私が途中で「あなたのために香水を用意したの」「ほら、これをつけてみたら？」などと急《せ》かしてしまったら、主人はここまでの香水好きにはならなかったでしょう。

イソップ童話にある「北風と太陽」と同じです。やらされている、しかたなく、では人は動きませんし、本物の習慣になりません。

ご主人でもお子さんでも、また恋人でも、人を動かしたければ、**環境だけお手伝いをして、放っておくこと。**口を出さずに、90％くらい自分から選んでもらうことです。

第4章

こころ

ありのままの自分で美しく

注意深く、ていねいに選ぶ

「エレガンス」は、私が多くの人に伝えたいメッセージの軸となるものです。

でも、「エレガンス」という言葉だけを聞くと、上品、気品、優雅といった言葉の意味から、「私には関係ない」と思ってしまう人も多いと思います。

「生まれつきのお嬢様のような人のためにある言葉でしょう」

「気品や優雅なんて、私にはほど遠いわ」

そんな声をよく耳にします。

でも、私が定義するエレガンスは、少し違います。

エレガンスの語源は、ラテン語の「エルグレ（eligere）」。これは、「選ぶ」という意味の言葉です。

そうです。**エレガンスはもともと、「注意深く、ていねいに選ぶ」という意味なのです。**

つまり、エレガンスの根底にあるのは、最良のものを選択する能力なのです。

日々審美眼《しんびがん》を磨いて、一人ひとりが自分らしい豊かな感性を磨いていく。そのうえで、「注意深く、ていねいに選ぶ」ことなのです。

人とくらべることなく、人に流されることなく、自分の本能に従って、自分の意志で選ぶこと。もしくは、自分にあったもの、好きなものを選ぶ感性を育むこと。それこそが、真のエレガンスだと私は考えています。

私たちは、その人の物腰の優雅さを見て「エレガントな人」などといいますよね。

そういう人は、自分に合ったものを選び、手に入れ、身につけ、大切に扱っていくことができています。だからこそ、心も体もていねいになって、しぐさや生活スタイルにエレガンスが生まれるのです。

真のエレガンスを身につけるには、決して自分をいつわることなく、ありのままの自分でいながら、自分だけの美点や持ち味を生かし、表現することが大切なのです。

五感を磨いて自分の軸をつくる

エレガンスの語源でもあるエルグレ（注意深く、ていねいに選ぶ）のために、審美眼を養う有効な方法があります。

それは、**五感を磨くこと**です。

この言葉をキーワードにして、自分の五感を育ててみましょう。

「わぁ、これいいな」

今日から、自分の心がよろこぶもの、いいなと感じられるものを、1日5つを目標に、見つけてみてください。

好きな友人に会った、香りのいい紅茶を飲んだ、おいしい食事をした、清々しい朝日を見た、心地よい音楽を聴いた、きれいなイルミネーションを見た、肌ざわりのよい毛布に触れた……。

どんなことでもかまいませんから、**あなたの五感（視覚、聴覚、嗅覚、触覚、味覚）を感動させてくれるものを見つけましょう。**

・自分の心がよろこぶものを見る（視覚）
・自分の心がよろこぶ音に耳を傾ける（聴覚）
・自分の心がよろこぶ食べ物をとる（味覚）
・自分の心がよろこぶ香りに包まれる（嗅覚）
・自分の心がよろこぶものを身につける（触覚）

このように、自分がいいなと思うものをあえて意識することで、心に癒しを与え、心を華やかにしてくれます。日常でそういった心の癖づけをすることが、五感を磨くためにはとても大切なのです。

そして、「わぁ、これいいな」と思ったものは、どんどんメモしてみてください。

人は意外に自分のことがわかっていないものです。メモすることで、自分の好きなものや自分のスタイル、本質がだんだんわかってきます。

赤が好きな人がいれば、青が好きな人もいます。夕焼けが美しいと思う人がいれば、月明かりに魅力を感じる人もいます。

五感を磨き、自分を理解することで、自分自身の軸のようなものができあがっていくのです。

自分の軸がわかってくると、**どんな場所に行っても、どんな状況に立たされても、おどおどすることなく自信を持つことができます。**

男性でも、女性でも、エレガントな人は内面からにじみ出る美しさや気品に包まれています。

いつも自分らしく、自分を好きでいられるようになるために、日々、あなたの五感を磨いてくださいね。

エレガンスには〝体力〟が必要

意外に思われるかもしれませんが、私の考えるエレガンスに必要なのが**〝体力〟**です。

体力をつけると、気力が増します。
気力が増すと、やる気が出てきます。
やる気が出てくると、元気になれます。

私は小さな頃から、体力だけは誰にも負けません。風邪もほとんどひきませんし、大病を患ったこともありません。1時間くらいは平気でハイヒールを履いて歩きます。まわりの方からも「いつも元気ですね」といっていただけます。いつも姿勢をよくして、体を動かすように心がけているからかもしれません。

体力をつけると、不思議とネガティブな感情が起こりにくくなります。

少しくらい嫌なことがあっても吹き飛ばせるというか、嫌なことを嫌だと思う気持ちが軽くなるような感じです。ですから、多少のことでは、落ち込まない、あとを引かない、執着しない自分でいられます。体力をつけるとフットワークが軽くなるように、気持ちの切り替えもうまくできるのかもしれません。

また、何かにチャレンジしようという気持ちがあっても、なかなか行動できないということがありますよね。**行動がともなわないのは、体力がないからです。**

心の状態がいいときは、体調もよいはずです。気力がわいてきて元気になり、何事も実際に行動に移せるようになります。心は健康のバロメーターなのです。

まずは体力をつけ、動ける体をつくることが、気力ややる気につながっていくのです。

社会的に成功されている方ほど、みなさん体を鍛えています。ゴルフ、ジョギング、トライアスロンなど、アクティブに体を動かしています。そして、成功している方は、みなさん姿勢がとてもいいのです。起業や新規事業を成功させる人は、がんばろう、起き上がろうとする気持ちが体にあらわれているのです。

実際に美しい所作や立ち居振るまいをするためにも、体力が必要です。美しい姿勢を保つためには、脊柱起立筋を鍛えておかなければいけません。ものをていねいに扱うためには、指先の末端まで筋力を使わなければいけません。美しいしぐさにも、体力・筋力が必要なのです。

究極のアンチエイジング法

気力ややる気があれば、心と体も若返ります。

歴史上の美女のひとりに、16世紀のフランスの貴婦人、ディアーヌ・ド・ポワチエという女性がいました。彼女は60歳を過ぎても30歳の頃と変わらない容姿だったと、当時の宮廷詩人がその美しさをたたえています。

実際、ディアーヌは20歳近く年下のアンリ2世の寵愛を長い間受け続けていたというのですから、相当若々しい美貌の持ち主だったのでしょう。

その頃は現代のように、エステティックサロンも、高級な化粧品もありません。彼女はどうやって、その若さを保っていたのでしょうか？

ディアーヌは規則正しい生活を好み、早朝の乗馬や狩猟などの運動を続けていたそうです。そのほかにも、水風呂に入ったり、川で水泳をしたりと、当時のインドア派が主流の貴婦人たちにくらべ、まるでアスリートのような生活を送っていたのです。これらの運動により、ディアーヌは若々しさを保っていたのです。体力をつけることが若さの秘訣だと、本能で知っていたのかもしれませんね。

そう。**究極のアンチエイジングは、〝体力〟なのです。**体力をつけることで、お肌もツヤツヤ、細胞も生き生きしていきます。高価な美容液やクリームよりも、ずっと効果が高いアンチエイジング法です。

私自身、エステティックサロンには10年近く行っていません。もちろん、リフレッシュや癒しという意味でエステティックサロンに行くのは大賛成ですが、適度な運動で体力をつけ、自分の体がよろこぶものを食べることが、誰でもすぐにできるアンチエイジングだと思っています。

体力に自信がないという人は、ウォーキング、軽いジョギング、水泳、ヨガなど、自分ができそうなものを見つけて、はじめてみましょう。

また、「今日から姿勢をよくしよう」と心がけるだけでも、立派な体力づくりになりますよ。姿勢をよくするだけで、脊柱起立筋という大きなインナーマッスルが鍛えられるのですから。

体を動かすことに慣れてないという人は、少しずつでも体を動かすようにしましょう。テレビを観ながら、パソコンに向かいながらでも、できる範囲で軽いストレッチなどをしていると、体が動くことに慣れていきます。

ふだん体を動かさない人は、体中の関節がガチガチになっています。関節が固くしまったキャップのように、開かない状態なのです。それを少しずつ動かすことで、固いキャップがゆるむように、体の動きもなめらかになっていきます。

体が求める食べ物を知る

みなさんは、いつもどんなものを食べていますか？

私は**「体が本当に求めている食べ物・自分を元気にしてくれる食べ物を知る」**ことが大切だと考えています。

「食」という字は、「人を良くする」と書きますよね。本来食べ物とは、その人をよくするものなのです。

たとえば、風邪をひいて体調が悪いとき、脂っこいものは食べたくありません。いつもはステーキや天ぷらが好物でも、風邪のときにはふだん食べない梅干しの入ったお粥が食べたくなるものです。つまり、そのとき体が求めている食べ物が、お粥のようなお腹にやさしいさっぱりした食事だったりするのです。

このように、風邪をひいたときはわかりやすいですが、ふだんの生活でも体が求める食事というのがかならずあります。

それを知るためには、五感を磨くことが大切です。**五感を研ぎ澄ませていると、自分にあった食べ物、いまの自分に必要な食べ物が感覚的にわかるようになります。**自分の体が求める食べ物を知るためには、「おいしい」と感じることも大切ですが、「これを食べると体調がいいな」「これは毎日とりたいな」「これは私にあっていないな」というものを探していくのがポイントです。

たとえば、「朝はフルーツを食べると調子がいい。とくにオレンジやグレープフルーツのような柑橘類がいいみたい」「乳製品を食べ過ぎると胃がもたれる。もしかして私にはあまりあっていないのかも」といった具合です。

その人にあう食べ物は人それぞれ。お肉があう人もいれば、あわない人もいます。牛乳があう人もいれば、あわない人もいます。アレルギーなどもあるように、Aさんにとっては体にいいものでも、Bさんにとって体にいいとはかぎりません。体質はもちろん、そのときの状態によっても、体が求める食べ物は変わってきます。

五感を磨くことで、自分の体が何を求めているかがわかってきます。それを食べることで、心も体も元気になれます。自分にふさわしい食べ物を選ぶことができれば、食べ物と上手につきあっていくことができますよね。

ただし、甘い物が好きだから甘い物ばかり食べる、こってりした料理が好きだから焼肉や揚げ物ばかり食べるというのは、五感が磨かれていない証拠。おいしく感じるというだけで無節操な食事を続けていたら、そのうち体が悲鳴をあげてしまいます。

私は、**食事にはなるべくたくさんの色を入れる**ことにしています。理想は5色以上です。料理をするときは、いつも「5色入っているかな?」とチェックしています。

たとえば、赤（トマト、にんじん、赤身の肉や魚）・白（卵の白身、大根、白身の魚）・黄（かぼちゃ、卵の黄身）・緑（葉もの野菜、ピーマン、ブロッコリー）・黒（ごま、のり、ひじき）という感じです。

たくさんの色が入った食事は、自然とバランスのよい食事になります。品目も多くなりますし、盛りつけを工夫すれば、見た目にも美しい食卓になります。

食事は味覚だけでなく、視覚、嗅覚、聴覚、触覚を使うもの。みなさんも五感をフルに使って、食事を楽しんでくださいね。

体からのサインをキャッチする

イライラする、怒りっぽい、気が滅入る……など、心にマイナスの感情が生まれたら、自分の体の状態をよくみてあげてください。そういうときは、かならず疲れていたり、体のどこかに不調があったりするはずです。

マイナスの感情が生まれたときは、自分の体がいい状態ではないのだということを理解することが大切です。

体をゆっくり休ませてあげることで、マイナスの感情が消えて本来の自分に戻れるのだと知れば、むやみに怒ったり、イライラしたりすることもなくなります。

あなたの体はとても賢いのです。心の状態が悪いときは、かならず体がサインを出してくれます。

たとえば、気持ちが沈み、心が閉鎖的になっているとき、あなたのデコルテは閉じています。うつむきがちで、背中は丸まっています。そんなあなたは、きっといつもより輝きを失ってしまっているはずです。

そんなときは、**体から気持ちを高めていきましょう。デコルテをゆっくりと開いて、下がったあごを少し上に上げてみてください。**不思議なことに、自然と心が解放されて前向きな気持ちになれます。

私は週2回のバレエを続けていますが、これが私の元気の源でもあり、自己鍛錬の場でもあります。

バレエのレッスンで自分の体と向き合うことで、自分自身の心の状態を見定めることができます。たとえばレッスン中に体の芯がぶれてしまうときは、自分の心の軸がぶれているなと気づくことができます。レッスンに集中できないときは、自分の心が乱れているなと気づくことができます。

体からのサインをしっかりキャッチできれば、自分の心を冷静に見つめることができます。そのうえで心をプラスの方向に転換するための対処法を考え、実行することができるのです。

コンプレックスがある人ほど美しくなれる

「あなたには、コンプレックスがありますか？」と聞けば、ほとんどの人が、「イエス」と答えるのではないでしょうか。

とくに女性は、外見についてのコンプレックスが非常に強いものです。

では、あなたは、自分のコンプレックスを消したいですか？

「イエス」と答えた人、コンプレックスは気になるかもしれませんが、それを消してしまう必要などまったくありません。

なぜなら、**コンプレックスがあるからこそ、本物の美が生まれるからです。**

コンプレックスが暗い闇で、長所が明るい光だと考えてみてください。

太陽がすべてを照らす明るい昼間には、月は見えませんよね。でも、夜になりあたりが闇に包まれると、太陽に照らされた月が美しく輝きはじめます。昼間も月は美しく輝いているはずなのですが、明るすぎるとその輝きが見えなくなるのです。

コンプレックスは、ありのままにしておきましょう。**コンプレックスという闇の部分があるからこそ、長所が光るのだと考えましょう。**

誰にでも、短所があり、長所があります。どちらもあなたの大切な個性です。

大切なのは、自分の長所を見つけて、磨いてあげること。

自分の長所を見ようとしないで、短所ばかり気にしていると、他人と比較して、うらやんだり、ねたんだり、悩んだりして、あなたの美しさが台なしになってしまいます。

コンプレックスはひとまず棚に上げて、自分のいいところを見つけましょう。そして、その部分を愛して、磨きましょう。そうすると、そこが光りだします。闇に浮かび上がる月のように、美しく輝きだすのです。

そうなったら、もうコンプレックスなど気にならなくなります。というより、コンプレックスがその人の深みに変わるのです。

コンプレックスを受け入れて、自分の長所を磨くこと。それがあなたの本当の美しさを

引き出すコツです。

もちろん、私自身にもコンプレックスはたくさんあります。

とくにバレリーナを目指してレッスンに励んでいた頃は、否応なしにコンプレックスと向き合うことになりました。

ご存じのように、バレエのレッスンは、鏡張りのスタジオで行われます。身につけるのは体のラインがはっきりあらわれるレオタード、髪もぴったりとアップにまとめなければなりません。顔も体も、すべてのシルエットが丸見えの状態です。しかも外見だけでなく、体の動きまでさらけ出さなければならないのですから、日々コンプレックスとの戦いです。

手足が短い、背が低い、顔が大きい、太っている……。なんて私は醜いんだろう！すべてのバレリーナがこういったコンプレックスと向き合います。どれほど美しい人であっても、例外ではありません。

でも、いつまでもコンプレックスに悩んでいたら、卑屈な心が外見にもあらわれてきます。表情、体、動きが閉鎖的になって、どんどん魅力がなくなってしまいます。

そこでバレリーナたちがするのは、自分のいいところを見つけること。あくまで客観的に、顕微鏡で見るように細部まで自分を分析して、自分の長所を見つけるのです。

腕が長くてきれいなら、腕の美しい動きで表現力を高めていく。首筋がきれいなら、首筋がより美しく見えるような動きを研究する。

自分の長所を生かした動きを練習して伸ばすことで、大きな自信につながります。手の表現力なら誰にも負けない、首筋の美しさなら誰にも負けないと思えるようになります。

それが心の強さにつながっていくわけです。

たとえ短所があったとしても、自分の長所をたくさん見つけて、どんどん磨いていくことができた人。それがトップバレリーナです。

たとえば、バレリーナでもO脚の人はいます。たとえO脚でも、自分の足がもっとも美しく見える角度を見つけて、そのポジションを観客に見せていくわけです。短所を削ることなく、長所に光をあてるような動きを見せるという究極の美が、バレエなのです。

私はサロンの生徒さんたちに、かならず「あなたのいいところはなんですか?」とお聞きします。

最初のうちは多くの方が「私には、いいところなんて何もありません」「コンプレックスばかりです」とおっしゃいます。でも、レッスンを通じて自分の長所を発見することで、自分らしい美しさを日常の中で表現できるようになります。それが精神的な強さや自分自身への信頼につながって、生徒さんたちが日増しに美しくなっていくのがはっきりとわかります。

誰にでも、コンプレックスはあります。そしてコンプレックスがあるからこそ、長所を光らせることができるのです。

みなさんも、自分のコンプレックスを消そうなんて思わないでください。コンプレックスを生かせるくらい長所を磨き抜いて、より深みのある女性を目指しましょう。

朝の身じたくで1日が充実する

私が朝起きて、最初にすることは、自分自身の身じたくです。着替えて、顔を洗って、歯を磨いて、お化粧をします。身だしなみを整えたあとに、家族の朝食をつくったり、家事をしたりします。家族が起きてくる前に、植物にお水をあげたり、花瓶のお水を替えたりすることもあります。

私は1年365日、こういった状態で朝を迎えます。

そういうと、「毎日そんなにきちんとしているなんて、面倒くさくありませんか?」と聞かれます。

でも、自分ではきちんとしているつもりなどないのです。きちんとしなければと思ったこともありません。

こうしたほうが心地よいから、気分がよいから、身じたくをするのです。ですから、決して面倒だなどということはありません。

身じたくを整えれば、たとえ普段着でも素敵に見えます。私自身、あまり高価なものは身につけません。仕事やレッスンもなく、誰にも会わない日などは、白いカッターシャツにスカートといったシンプルな服装です。

朝は1日のはじまりのときです。起きたらすぐに自分を整えることで、今日もがんばろうという気分になれます。**1日を気持ちよく過ごすためのスイッチが入り、エネルギーも高まります。**

いつまでもパジャマ姿でいたら、気持ちが眠ったままになって、エンジンをかけることができません。

私にとって身だしなみを整えることは、リラックスして眠っていたときの気分を切り替えて、空気を循環させるような気持ちのよいことなのです。

家事をするにも、身じたくを整えてからのほうが、てきぱき動けます。1日1日を大切にするという意味でも、身だしなみを整えることはとても重要な儀式です。

嫌なこと、面倒なことをなくす方法

「きちんとしなければ」と聞くと、窮屈なイメージがありますよね。

ほとんどの人が、小さな頃、ご両親や先生から「きちんとしなさい」といわれた経験があると思います。

ですから、「きちんとする」という言葉の響き自体が、窮屈で面倒なことだという先入観になっているのかもしれません。

たとえば、「朝の身じたくは面倒だし、時間がかかる。できればやりたくない」という気持ちは、単なる固定観念かもしれません。

「身じたくはたった30分で済むのに、これだけで1日が楽しく過ごせる」と考えたらどうでしょうか？

これまで面倒だと思っていたことが、楽しいことに変わるかもしれません。

面倒だな、嫌だなと感じることがあったら、なぜ自分はそれが面倒なのか、嫌なのかという理由を探っていくのもひとつの手です。その行為に対する壁をつくっているのはなんだろうと模索していくうちに、案外「あれ、そうだったのか」と、簡単に壁を破ることができるかもしれません。

そうやって分析していくと、いままでできなかったことができるようになる、ということがよくあります。

「○○しなければ」と考えてしまったら、なかなか続きませんよね。

「○○しなければ」ではなく、「これをすることで素敵なことが起こる」「これをすると楽しい気持ちになれる」と考えることで、何事も続けられるのだと思います。

自分を癒してくれるものを知る

生きていれば、イライラしたり、機嫌が悪くて怒りっぽくなったりしてしまうこともありますよね。

もちろん、怒りも大切な感情のひとつですが、いつまでもマイナスの感情を持っていても無益ですし、疲れます。自律神経が乱れて、血圧が上がって……いいことは何もありませんよね。

そういうときは、自分で自分を癒してしまいましょう。

たとえば、小さなお子さんがお気に入りのぬいぐるみや毛布などを肌身離さず持っているということがありますよね。それは、そのお子さんが、自分にとって触り心地のよいものの、見た目や色が好きなものを本能的に選び、安らぎや癒しを得ているのです。

さすがに私たち大人はぬいぐるみを肌身離さず持つことはできませんが、子どもと同じように、**触ったり、見たり、嗅いだりすることで、かならず癒されるものがあるのです。**

日頃から五感を磨いておくと、自分が心地よいと感じるもの、自分を癒してくれるもの、心を落ち着かせるものがわかってきます。

たとえば、好きな香水の香りだったり、好きな写真集だったり、お気に入りのミルクティーだったり……。

見るもの、聞くもの、食べるもの、嗅ぐもの、触るもの……。五感を研ぎ澄ませて、自分のストレスやイライラを癒してくれるものを自分で見つけましょう。

イライラしたり、嫌なことがあったとき、自分を癒せるものを見たり、聞いたり、触ったりすることで、自分を取り戻し、心をいい状態に導くことができます。私はこれを**「セルフ癒し」**と呼んでいます。セルフ癒しができるものを知っておけば、心が荒んだときに、すぐさま取り入れることができます。

セルフ癒しが上手にできるようになると、マイナスの精神状態のときも冷静になれるので、誰かに八つ当たりをするようなこともなくなります。自分の心をうまくコントロールできるようになるのです。

私個人でいえば、昔からベルベットのような肌ざわりのものを触ったり、身につけたりすると、とても心地よく感じます。小学生くらいのときに両親と京都の苔寺（西芳寺《さいほうじ》）を訪れ、こけで覆われた庭を「なんて美しいんだろう」と感じて以来、ああいった風合いのものが好きなのです（いまでも玄関先で密かに〝こけ〟を育てています）。こけやベルベットのような、やわらかく、しなやかな感触のものは、私の心を癒してくれるもののひとつなのです。

何もない1日を充実させる方法

予定のない休日などには、「今日は何をして過ごそうかな」と思うことがありますよね。なんとなく過ごしていると、1日はあっという間に終わってしまいます。

そんなときは、1日を朝・昼・夜の3つに分けて考えることをおすすめします。朝・昼・夜、それぞれひとつずつでも、何をしようか考えるのです。

たとえば、朝は洗濯とそうじをする、昼はおいしいパンを買ってきて食べる、夜はとびきりおいしい料理をつくる。

大切なのは、朝・昼・夜にそれぞれ何かをすること。外出など特別なことをしなくても、中身の濃い1日になります。

ルーチンになりがちなウィークデイの仕事や家事も、午前中はかならずこれをやろう、午後はあれを片づけよう、夜はおいしいものでも買って帰ろうなどと決めると、1日てきぱきと過ごせると思います。

小さくてもいいから、それぞれ達成感を得ることが大切です。1日3つくらいなら、できるはずですものね。

朝、昼、夜の境目がなくなると、1日が短く感じてしまいます。大切なのはメリハリをつけること。少なくとも「何もない1日だったなあ」という感じにはなりません。

メリハリをつけるという意味では、着るものに力を借りるという方法もあります。

最近、家でくつろぐときも寝るときも、同じルームウェアやTシャツで過ごしてしまうという人が多いそうです。日中ジャージで過ごして、そのまま寝てしまう子どもも少なくないと聞きます。休みの日は一日中スウェットのルームウェアで過ごしてしまうという人もいるかもしれません。

でも、**「寝るときに着るもの」と「起きているときに着るもの」の区別は、とても大切です。**

その区別があいまいになると、眠る時間と起きている時間の境目もあいまいになり、睡眠障害の原因になるそうです。安眠のためには「パジャマ＝睡眠」ということを、脳に条件反射で覚えさせることが大切なのです。

また、休みの日にルームウェアで過ごしていると、朝・昼・晩のメリハリがなくなって、1日が短く感じてしまいます。

私が小さい頃、朝起きてリビングルームに行くと、休日でも父はスラックスにベルトをして、ワイシャツを着て、新聞を読んでいました。パジャマ姿の父は、一度も見たことがありませんでした。

そんな父の姿を見て育ったせいか、私も朝起きたらすぐに着替えます。もちろん、日中パジャマ姿やルームウェアで過ごすことはありません。そのせいでしょうか、不眠症になったこともなく、毎晩ぐっすり眠ることができています。

朝起きたらすぐに着替え、身だしなみを整えること。夜寝るときはパジャマやネグリジェに着替えること。当たり前のようですが、**1日1日を大切に過ごすためにも、とても大切な習慣です。**

見えないファッションを身にまとう

香りは、〝**見えないファッション**〟と呼ばれています。

たとえ高価な洋服やブランドもののバッグを身につけていなくても、その人からフワッといい香りがしてきたら、とても素敵ですよね。逆にどんなにセンスのよい服を着ていても、どんなにすばらしい容姿の人でも、残念な匂いが漂ってしまったら、せっかくの美人が台なしです。

好きな香りが自分から漂っているだけで、女性らしく、素敵な気分になれますよね。いろいろな香りを使い分ければ、リフレッシュや気分転換にもなります。

それに、男性はほんのりいい香りのする女性に弱いもの。恋愛の武器にもなってくれるのが、香りの力なのです。

香りはその人の雰囲気を助けてくれるもの。香水は、その人らしい空気感を醸し出してくれる大切なアイテムです。

私が考えた言葉に、**〝真逆香水〟**というものがあります。

自分の本質と、他人が感じている印象というのは、案外違っているものです。

たとえば、内面はとても情熱的なのに、外見はおとなしそうに見えてしまう人がいます。自分をうまく表現したいけれど、派手な服やゴージャスなアクセサリーは苦手。そういう場合は、香水を試してみることをおすすめします。

たとえば情熱的な香水を1滴だけ、身にまとってみる。香りは目には見えませんが、嗅覚から脳にダイレクトに伝わります。そうすると、いつのまにか眠っていた自分の魅力を引き出せるようになるのです。他人のあなたに対する印象も、いつのまにか変わってきます。

好きな香りにはその人の本質があらわれるもの。バリバリのキャリアウーマンが、とても繊細でやわらかな香りを好んだり、一見おとなしそうに見える人が、力強くて個性的な香りを好んだり……。

自分にはこういう要素があったんだと気づかせてくれたり、自分の個性をうまく引き出してくれたりするのが、香りなのです。ビジュアルではうまく表現できない部分を、香りで表現できるわけです。

視覚（見た目）ではわからない部分を、嗅覚（香り）で感じとれることも、香水の魅力のひとつです。

アロマセラピーというメソッドもあるくらい、香りにはさまざまな効果があります。ただ、香りの効果については、ひとくくりにはできません。

たとえば、ラベンダーやカモミールは、心を鎮めてくれる癒しの香りといわれます。でも、もしもラベンダーに悲しい思い出があったら、癒されるどころか、心が沈んでしまいますよね。

相性のいい香りは、人それぞれ。千差万別です。

それを感じとれる審美眼を養うことが、エレガンスの原点です。誰かがいいといったから、雑誌に書いてあったからではなく、自分自身が心からいいな、と思えるような香りを、あなたもぜひ見つけてくださいね。

では、どんふうに香りを選んだらよいのでしょうか。

香りはＴＰＯに合わせるという考えかたもありますが、季節に合わせるというのも素敵です。

日本は春夏秋冬という四季がある国です。雨が多く、湿度が高いのも特徴ですね。春はほんのりとやさしい香り、夏はさわやかなすっきりした香り、秋は深みのある落ち着いた香り、冬は少し濃厚で甘い香りなど、自分が心からいい香りだなと感じたものを、まずは春夏秋冬１本ずつそろえておくのも、いいと思います。

香水も洋服と一緒に衣替えをすると、ファッションの幅も広がります。

ぜひ、あなたを上手に表現してくれる素敵な香りを見つけて、見えないファッションを身にまとってみてくださいね。

人からの視線は全身マッサージ効果

毎日忙しく、生活に追われていると、日常がついルーチンになってしまいますよね。

働いている人なら、会社と家の往復。お子さんのいる人なら、子どもの送り迎えをして、買い物をして……。ワーキングマザーなら、その両方をこなさなければなりません。

日常に追われ、目の前のことばかりに気をとられて、ときには美しくあろうとする気持ちを忘れそうになってしまうこともあるかもしれません。

そんなときはおしゃれをして、ちょっと格式の高いホテルやレストランに足を運んでみませんか?

格式の高いホテルやレストラン、ブランドショップ、美術館、寺社仏閣など、入った瞬間に背筋が伸びるような場所、自分の心が凛と引き締まるような場所に、ときにはあえて身を置いてみるのです。

日常では味わえない美しい場所に身を置くだけで、美への感性が磨かれますし、そういった場所で堂々と物怖じせずに振るまうことで、自分に自信がつき、自分が上質な女性だと感じることができます。それが美しい所作となってあらわれるのです。非日常の空間を味わうだけでも、心のリフレッシュになります。

格式の高いホテルやレストランは、**自分を高めてくれるレッスンの場**です。それに、ホテルのティールームやラウンジでお茶を飲むくらいでしたら、それほどお金もかかりません。

そして大切なのが、人の視線にさらされること。ホテルはロビーに入った瞬間、ボーイさんなどの目にさらされます。だからこそ、自然と背筋が伸びるのです。格式の高いレストランやブランドショップなどでも同様です。スーパーマーケットやショッピングモールでは、決して味わえない感覚です。

ホテルなどのレストランでは、ハイヒールを履いて美しく歩く女性、スーツを着こなした姿勢のよい男性といった、身だしなみの整った物腰の美しい人が、上席に案内されます。ドレスコードを限定しない場合であっても、こういう身なりのお客様にきていただきたいというお店側の考えを暗に示しているわけです。

私は、**人からの視線は全身マッサージのようなもの**だと思っています。人から見られていると思うだけで、ピリピリとしたいい意味での緊張感が生まれ、全身を意識するようになります。

勢いのある女優さんが日に日に美しくなっていくのも、多くの人の視線にさらされているからです。これは女性にかぎらず、男性も同じです。人の視線にさらされている人ほど、いつまでも若々しいものです。人から見られる機会がなくなると、「どうせ私なんて」というあきらめが出てしまうのか、どう見られても気にならなくなるのか、不思議と急速に老け込んでしまいます。

自分に自信をつけるため、もっと美しくなるために、ときにはホテルのロビーやレストランなどを活用しましょう。**自分に自信を持つことで、自分を好きになり、よりよく生きていくことにつながっていきます。**

ちなみに、私のサロンレッスンは、かならずホテルで行っています。生徒さんたちにはより美しいものに触れてほしいですし、素敵だなと思える場所に身を置くことで、もっともっと美しくなってほしいという願いがあるからです。

小さなパワースポットをつくる

私は靴や小物など、20年、30年、ずっと使い続けているものがたくさんあります。決して高価なものでなくても、自分自身が心からいいなと思えたものだからこそ、長くおつきあいができるのだと思います。

流行っているから、安かったからと、いい加減な気持ちで選んだものは、持っていても心がよろこびませんよね。だから長もちしないのです。

値段に関係なく、**心から自分が「いいな」と思って手に入れたものだからこそ、飽きることなく、ていねいに扱うことができる**のですよね。まさに、エレガントの語源である、エルグレ（ていねいに選ぶ）の考えかたです。自分に合ったものを見抜く能力を養っていけば、なんでも長く使えるようになりますから、経済的にもお得です。

好きなものに囲まれていれば、あれがほしい、これがほしいという物欲にさいなまれることもありません。

自分に合ったものを見抜く審美眼を養うために、みなさんにおすすめしたいのが、**小さなパワースポットをつくること。**

まずは、小さなものからはじめてみましょう。

手帳、ペン、お財布、携帯電話のケース、ポーチ、アクセサリーなど、**半径50センチ以内に好きなものを集めていきます。**これらの身近な小物たちは、自分を応援してくれるグッズです。お気に入りのグッズに囲まれていると、嫌なことがあっても自分を取り戻すことができますよね。そう思えば、いつでもていねいに、やさしく扱えるでしょう。それが日々、あなたの心を美しく育んでくれます。そうすると、いつのまにかバッグの中があなただけの小さなパワースポットになります。

そして、今度は家の中にも「このコーナーだけはきれいにして、好きなものを飾っておこう」というスペースをつくっておくといいですね。どんなに忙しくても、そこだけはいつもピカピカにそうじをしておけるような場所をつくっておくと、それが自分だけの癒しの空間になります。

小さくてもいいから、自分の好きな空間をつくっていくと、それがあなたのエネルギーを生み出すパワースポットになります。 エネルギーは循環していくもの。相手から何かしてもらうのではなく、自分からエネルギーをつくりだしていくためにも、小さなパワースポットづくりをはじめてみましょう。

いきなり大きな家具をそろえるのではなく、小さなスペースからはじめるのがコツです。その小さなパワースポットが少しずつ広がっていって、いつのまにか家全体がパワースポットになったら素敵ですよね。

自分が美しいと思うもの、心から好きなものを身近に置くことで、相手にもやさしくなれたり、自分自身も癒されたりします。そうすると、ファッションなども、流行に流されることなく、本当に自分が好きなもの、似合うものを選べるようになります。

ちなみに、私が家の中で大切にしている場所は〝玄関〟です。ですから、大好きな香水瓶をたくさん並べています。出かけるとき、帰ってきたときにかならず通るのが玄関ですから、好きなものが目に入ると元気になれます。それに、ドアを開けたときにいい香りが漂ってくれれば、家族やお客様はもちろん、玄関のみで対応する宅配便の方などにも気分よく感じていただけると思っています。

リンパを押して1日1分の美貯金を

美しさに欠かせないのが、〝リンパ〟の流れです。体中に栄養や酸素を運ぶのが血液です。対してリンパは体中の老廃物や疲労物質を回収する役目を果たしてくれます。ですから、リンパの流れが悪いと、老廃物や疲労物質がたまって、体調が悪くなってしまいます。

リンパが集中している部位は、バレエのレッスンでもよく動かすところです。**リンパが集中しているところを動かして流れをよくすることで、体調や肌の調子もよくなり、むくみのない美しい体になれるのです。**

リンパが集中している部位とは、**①首筋、②鎖骨、③わき、④足のつけ根（鼠蹊《そけい》部）、⑤ひざの裏、⑥足首**の6カ所です。

ぜひ、この6カ所を覚えておいてください。

そして、ストレッチをしたり、動かしたりしてみてください。

首のストレッチをしたり、肩まわしでわきを刺激したり、足のつけ根をマッサージしたり……。これらの部位を押して刺激を与えるだけでも、十分効果があります。

時間のあるときは、リンパの流れにそって、じっくりストレッチやマッサージをしていくといいでしょう。⑥足首から、⑤ひざの裏、④足のつけ根……と、下からはじめてだんだん上に上がるようにします。

リンパの流れをよくすることで、肌トラブル改善、免疫力アップ、代謝アップ、疲労回復など、いいことがたくさん起こります。


毎日1分でも、気づいたときにリンパマッサージの習慣を心がけてみてください。

まさに「老けない、さびない、たるまない」ための、美の貯金です。

毎日の小さな貯金が実を結んで、美しさという大きな財産になります。1日たった100円でも、毎日貯金を続けることで、何年か後には数十万円にもなりますよね。同じように、美の貯金も、数年後に大きな成果となってあらわれます。

ストレッチなども、決して面倒くさいと思わないでください。「なんて気持ちがいいんだろう」「これでもっときれいになれる」と思えば、やらずにはいられないはずですよね。

私自身、毎晩欠かさずストレッチを行っています。

寝る前に音楽をかけながら、ゆっくり、じわじわと体を伸ばしていきます。時間は15分から30分程度。何十年も続けている日課です。

毎晩のストレッチは、その日の疲れを次の日に残さないように、そしていつまでも動ける体を保ち、強くしなやかな筋肉を保てるようにという、私なりの美貯金なのです。

いくつになっても美しく

最近は、10代、20代の女性からも「もう年だから」という言葉を聞くことがあります。
いくつになっても美しくいるためには、この言葉は封印しましょう。

「もう年だから」というのは、あきらめの言葉。「きっと私には無理だから」とか、「そんなことできるはずがない」というのと同じです。

自分が発する言葉は、すべて自分が聞いています。あなたが「もう年だから」という言葉を発すると、それをあなたの脳が聞いているのです。そうすると、無意識のうちにあなたの脳は「自分は年をとっている」とインプットしてしまうのです。

心と体はつながっています。体の司令塔である脳が「自分は年をとっている」と認識すれば、体も自然と年をとってしまいます。

言葉というのは、人に何かを伝えるという意味でもとても大切なものですが、自分に働きかけるという意味でも、非常に大きな意味があります。

自分が発した言葉も、自分の心が思った言葉も、自分の体に反映されるものです。「もう年だから」ではなく「まだまだこれから」、「私には無理」ではなく「挑戦してみよう」、「できるはずがない」ではなく「きっとできる」。

ポジティブな言葉を使えば、心も体も若返ります。いつも発している言葉、聞いている言葉の影響で、人間は大きく変わっていくのです。

私が尊敬する方のひとりに、80歳くらいの女性がいらっしゃいます。彼女はいまでもハイヒールを履いて、颯爽と街を歩いていますが、「年寄りくさい言葉はあえて使わないようにしている」とおっしゃっていました。

今日からネガティブな言葉は、禁句にしましょう。

20歳でも、40歳でも、60歳でも、80歳でも、年齢にかかわらず、私はすべての女性を美しいと思っています。誰にでも、その人らしい美がかならずあります。

もちろん、必要以上に若づくりをする必要はありません。年齢にとらわれることなく、自分を信じて、日々を大切に生きている人が美しいのだと思います。

美は球体であらわされる

私が考える美しさのイメージは、バランスがとれていること。

形であらわすなら、美しいまん丸の〝球体〟です。

球体は、なめらかとでこぼこしておらず、天地・左右対称です。

丸いものには、フワッとしている、調和がとれている、やわらかい、やさしい、無理をしていない……といったイメージがありますよね。

長所や短所といったその人らしい持ち味が調和して、その人だけの球体をつくっていくのです。人それぞれ、完璧ではないかもしれないけれど、等身大でバランスのとれた球体です。

丸い球体が、その人のアイデンティティーであり、その人だけのトータルビューティだと私は考えています。自分だけの球体を磨き、ますます輝かせることが、美しくなるということなのです。

自分の球体をより美しいものにしていくためには、**自分の軸を持つことが必要です。**自分の軸を持つとは、自分を変えることではありません。**五感を磨き、自分自身を深く知り、自分を愛してあげることです。**

自分の軸をしっかり持ち、自分だけの球体づくりをしていくと、人と比較することが無意味になっていきます。

誰かとくらべて落ち込むこともありません。人をうらやんだり、憎んだりすることもありません。自分のことがわからず、悩んだり苦しんだりすることもなくなります。

誰もが、唯一無二の存在として生まれてきたのです。どんな人にも、その人にしか味わえない、すばらしい人生があります。

でも、人と比較した瞬間から、自分の軸はぶれていきます。球体もくにゃくにゃと形を変え、バランスの悪い物体に変わってしまいます。

自分らしい球体を保つには、自分自身をあるがままに受け入れることです。

「お金持ち⇕貧乏」「美人⇕不美人」「健康⇕病気」「男性⇕女性」「上流⇕下流」……。

こういった対極にあるものを、決して分け隔てをして考えないこと、自分も他人もあるがままに受け入れることで、比較をしない自分らしい美を追求する心が開花していくのです。

自分の軸を持つこと。選ぶ目を持つこと。そして、地に足をつけてしっかり自分らしく生きること。それがあなたらしいエレガンスなのだと思います。

あなたらしいエレガンスは、一生ものの美の財産です。

そして、それは何よりも、自分に自信を持って生きるための、強い味方となるのです。

あとがき

体は神様がくれた乗り物だと、私は考えています。

年をとって、皮膚にシミやシワが増えていったとしても、できるかぎりピカピカの状態で、美しくていねいにあつかった状態で神様にお返ししたい。そういった気持ちを根底に、日々を過ごしています。

もちろん、体と同じように、心も健やかに、清らかにいられたら素敵ですよね。つねに心を美しく保つためにも、美しい姿勢やしぐさが大切なのだと思います。

体と心はつながっています。自分の体を粗末にしていると、心も粗末に扱っていることになります。

そう思えば、神様から授かった自分の体を粗末にすることなどできませんよね。

みなさんも、まずは自分の体を大切にしてあげてください。そして、心も体も美しくあろうという純粋な気持ちを、いつまでも忘れないでください。

美しさは、生まれながらにしてあるものではありません。

自分自身の意思で身につけ、日々磨いていくものです。

五感を育み、自らの美意識を引き出し、生きていることへの感動とよろこびを味わえるようになること。それが、自分らしい美しさ、そして人生に自信を与えてくれるのです。

私は、究極のエレガンスを追求する方法を次のように考えています。

「自分の感情の揺れを逃げることなく見つめ、その裏にある〝気づき〟を得て受け入れ、さわやかに、純粋に、自然に、等身大で、自分が心躍る方向に歩き続けること」

本質的なエレガンスとは、外見と内面の両方が、その人らしく自然に輝いている状態だと私は考えています。

本書をきっかけに、ぜひあなただけのエレガンスを見つけ、輝きのある毎日を送っていただけたら、これほどうれしいことはありません。

あなたのまわりにたくさんの幸せが訪れますよう、心からお祈りいたします。

1%の
美しい人がしている
たったこれだけのこと
一生ものの綺麗のつくり方

2013年4月2日第1版第1刷発行

著　者　マダム由美子
発行者　玉越直人
発行所　WAVE出版
〒102-0074
東京都千代田区九段南4-7-15
JPR市ヶ谷ビル3F
TEL　03-3261-3713
FAX　03-3261-3823
振替　00100-7-366376
E-mail:info@wave-publishers.co.jp
http://www.wave-publishers.co.jp

印刷・製本　ワイズ

NDC914 207p 19cm ISBN 978-4-87290-624-0

マダム由美子

エレガンシスト・中世西洋文化研究家
恵泉女学園卒業。6才からクラシックバレエを始める。「中世西洋の古き良き時代の智恵を今に!」をモットーに外見、内面、ライフスタイルの幅広い分野で、バレエや香水、ファッションなどの中世西洋文化・芸術から受け継がれる智恵を独自の視点で取り入れた実践的提案を行う。
バレエの動きを取り入れた美しい立ち居振る舞い習得を核とする独自のフィニッシングメソッド「プリマ・エレガンスサロン」では20〜70代の女性を指導。延べ2000人以上が受講し、例外なく美しい変化を得ると喜ばれている。
主な著書に『ハイヒール・マジック』(講談社刊)、『「ローマの休日」DVDで学ぶオードリー・ヘップバーンの気品ある美しさ』(総合法令出版刊)などがある。

◆マダム由美子オフィス
〒150-6018
東京都渋谷区恵比寿4-20-3
恵比寿ガーデンプレイスタワー18F
E-mail:
office@madame-yumiko.com
公式サイト
http://www.madame-yumiko.com/
※日本一歩き方が美しいマダム由美子の動画を見ることができます。